INGOLF HATZ

JULIA RUBY HILDEBRAND

Das große Buch vom APFEL

Feine Koch- und Backrezepte von herzhaft bis süß

Alte Sorten. Kreative Küche.

CHRISTIAN

Inhaltsverzeichnis

Vorwort

EINE KULINARISCHE SPURENSUCHE ZWISCHEN STREUOBSTWIESEN UND BIOLOGISCHEM ANBAU IM ALPENRAUM.

Der Apfel meiner Kindheit schmeckte saftig süß und säuerlich zugleich, die Schale fühlte sich ein wenig an wie Leder. Im Garten meiner Großeltern standen viele hohe Bäume, jedes Jahr gingen wir gemeinsam ernten, Birnen mit einem schicken Namen wie »Gräfin von Paris« und Äpfel wie der »Freiherr von Berlepsch« oder »Schöner von Boskoop« prägten meine Kindheit und Fantasie. Ich rieche noch den Morgentau auf der Wiese, lausche in Gedanken den Vögeln und den Insekten und wähne mich für einen kurzen Moment im Paradies. Geht es Ihnen auch so?

GIBT ES DIESE ÄPFEL ÜBERHAUPT NOCH?

Ist der Apfel nicht im Laufe der Jahre im Vermarktungskampf mit all den exotischen Früchten etwas untergegangen? Die Vielfalt im Supermarktregal auf wenig mainstream-taugliche und lagerfähige Sorten geschrumpft? Mitnichten! Allerdings muss man sich etwas auf die Suche begeben, alte Sorten wieder entdecken und dem Apfel wieder den Raum geben, den er verdient. Denn: Der Apfel ist nicht nur ein klassisches Superfood – »keeps the doctor away«, sondern auch ein echtes Soulfood, um einen Begriff aus der modernen Küche zu verwenden.

An apple a day oder doch besser zwei?

AUF DER SUCHE NACH DEN APFELSORTEN

Kommen Sie mit, begleiten Sie uns auf unserer Reise durch den Alpenraum, vom Bodensee über den Chiemgau, nach Südtirol bis in die Steiermark. Gehen wir gemeinsam auf Spurensuche und streunen über die Streuobstwiesen entlang der Berge. Wir wollen einzelne Sorten etwas genauer betrachten und ich werde Ihnen helfen das Sortiment in Ihrem regionalen Supermarkt besser zu verstehen, vielleicht sogar zu erweitern. Darüber hinaus – das Beste kommt ja bekanntlich zum Schluss – habe ich etliche Spitzenköch*innen in den Regionen besucht und ihnen ihre besten Rezepte rund um das Thema Äpfel entlockt. Zusammen mit unseren persönlichen Apfel-Lieblingsrezepten stellen wir Ihnen 60 davon im Buch vor.

Und jetzt wünsche ich Ihnen, dass auch Sie den Apfel Ihrer Kindheit wieder oder vielleicht sogar eine Lieblingssorte neu entdecken! Schreiben Sie mir gerne, wenn Sie Fragen haben – ich bin gespannt auf Ihre persönlichen Entdeckungen und Apfelfavoriten!

Herzlichst,

Die Streuobstwiese

KULTURGUT STREUOBSTWIESE

Ende des 19. Jahrhunderts entstanden die ersten Streuobstwiesen, eingebettet in meist malerische Landschaften. Der Name Streuobstwiese bezeichnet den Anbau von Obstbäumen in Streulagen. Ohne intensive Bewirtschaftung wachsen unterschiedlichste Bäume auf einer Wiese, heute finden wir meist Apfel-, Birn-, Kirsch-, Zwetschen- und Walnussbäume gemeinsam. Es handelt sich dabei um sogenannte Hochstämme. Mit einer Höhe von mindestens 180 cm benötigen die Bäume rund 10 Jahre um ihre volle Ertragsreife zu erlangen. Sie werden in der Regel bis 80 Jahre alt, Birnbäume auch weit über 100 Jahre. Über 2000 verschiedene Sorten sind deutschlandweit noch vorhanden. Der Streuobstanbau wurde von vielen Landwirten im Nebenerwerb geführt und hat bis heute in vielen Regionen entlang des Alpenraums Tradition und ist als Bindeglied zwischen Landwirtschaft und Naturschutz zu sehen. Im oberbayrischen Alpenvorland liegen die Streuobstwiesen meist süd- oder ostseitig direkt neben den freistehenden Höfen, im Gegensatz dazu die meist freie Lage der Streuobstwiese in vielen Teilen Baden-Württembergs. Übrigens findet jedes Jahr Ende April in Europa der »Tag der Streuobstwiese« statt. An diesem besonderen Tag werden das Kulturerbe und die Vielfalt der Äpfel zelebriert.

Über 2000 verschiedene Sorten sind deutschlandweit noch vorhanden.

Der Anbau

VOM BERCHTESGADENER LAND BIS HIN ZU MILDEN GEBIETEN IN SÜDTIROL

Das Mikroklima im Alpenraum mit rauen Regionen wie dem Berchtesgadener Land bis hin zu milden Gebieten in Südtirol ist ideal für den Apfelanbau, da sich die teilweise großen Temperaturunterschiede zwischen Tag und Nacht positiv auf den Geschmack auswirken. Es zeigt sich, dass viele der alten Apfelsorten besser mit dem Klimawandel und den damit einhergehenden höheren Temperaturen und häufigeren Niederschlägen umgehen können als manch neue Züchtung. Hier spielen allerdings viele Faktoren eine Rolle, sodass es pauschal nicht für alle Sorten gilt. Aber aufgrund der alten Sortenvielfalt ist die Wahrscheinlichkeit höher, ans Klima besser angepasste zu finden.

WO FINDET MAN DIE STREUOBSTWIESEN

Streuobstwiesen gibt es überall in Deutschland und Österreich. Berühmt sind das Alte Land, der Niederrhein, die Schwäbische Alb, die fränkische Schweiz, Vorarlberg, Oberösterreich und die Steiermark. In Südtirol hingegen dominiert der Plantagenanbau.

AKTIV WERDEN & DEN HANDEL BEEINFLUSSEN

Als Obstbauer allein vom Ertrag der Streuobstwiese leben zu wollen ist nahezu unmöglich. Das liegt zum einen an der fehlenden Wertschätzung der Kunden gegenüber den optisch nicht ganz perfekten Äpfeln von der Streuobstwiese, denn ein auf der Streuobstwiese lebender Apfelbaum bringt größere und kleinere Früchte hervor. Laut Werbung hat ein Apfel makellos und immer nahezu gleich groß zu sein. Zum anderen trägt aber auch der Handel dazu bei, da er uns seit Jahren ein reduziertes und einseitiges Angebot macht. Aus diesen beiden Faktoren resultiert, dass Sie als Verbraucher es selbst in die Hand nehmen und aktiv werden, denn Sie haben die Möglichkeit den Handel zu beeinflussen, indem Sie nach den entsprechenden Sorten fragen. Eine Alternative zum Streuobstwiesenapfel sind Äpfel aus biologischem Anbau. In dieser Anbauform tragen bunte Blühstreifen seit vielen Jahren erfolgreich zur Biodiversität bei. Der Einsatz von Düngemitteln ist dort im Vergleich zum konventionellen Obstbau auf natürliche Mittel begrenzt. Zudem haben viele Biolandwirte seit langer Zeit auf Photovoltaik umgesattelt, wodurch sich ihr CO_2-Fußabdruck im Vergleich zu dem ihrer »konventionellen Kollegen« reduziert.

*

DIE LAGERUNG

Äpfel, die im Winter für längere Zeit gelagert werden, sollten frei von Faul- und Druckstellen sein und keine Verletzungen wie Wurmlöcher aufweisen. Ideal ist eine Lagertemperatur unter 10° Celsius wie sie meist in einem dunklen und kühlen Keller oder Dachboden vorherrscht.

Eine weitere Möglichkeit der Lagerung bietet sich in der frostsicheren Garage an. Die Äpfel sollten einander nicht berühren und nicht gestapelt werden. Eine leicht luftdurchlässige Abdeckung bewahrt die Äpfel vor zu schnellem Austrocknen und Schrumpeln der Schale.

Der gesunde Apfel

»TWO APPLES A DAY KEEP THE DOCTOR AWAY.«

*

Rund 30 verschieden Vitalstoffe befinden sich im Apfel.

Schon im Altertum war man sich der viefältigen Heilwirkungen des Apfels bewusst. Die Äpfel zählt man zu den Kernobstgewächsen. Der botanische Name lautet Malus domestica oder auf Deutsch Kulturapfel.

Erste Veredlungen datieren zurück bis 800 v. Chr in Griechenland. Mit den Römern kamen die Sämlinge in den Alpenraum und bis nach England. Der Apfel diente in erster Linie als eine wichtige Nahrungsgrundlage. Alle Apfelsorten enthalten die für uns sehr gesunden Polyphenole, die unsere Körperzellen vor Schäden bewahren. Rund 30 verschiedene Vitalstoffe befinden sich im Apfel. Die wichtigsten Stoffe finden wir direkt unterhalb der Schale: Phenole, Vitamine (A, B1, B6, C, E) Pektine und Mineralstoffe wie Kalium, Phosphor und Eisen. Das Pektin im Apfel senkt den Cholesterinspiegel und durch seinen hohen Wassergehalt besitzt der Apfel wenig Kalorien, sein Fruchtzucker spendet schnelle Energie, ein wahres Superfood also.

Sonnen- und wetterexponierte Früchte müssen sich schützen, lagern deshalb mehr Phenole ein und bilden mehr Vitamine. Das bedeutet, dass Früchte am gleichen Baum unterschiedlich viele Inhaltsstoffe haben. Es liegt also auf der Hand, dass der Apfel von der Streuobstwiese und der Apfel aus dem biologischen Anbau im Vergleich zum Apfel von der konventionellen Plantage definitiv die gesünderen Produkte sind. Äpfel von Streuobstwiesen kommen kaum mit konventionellem Pflanzenschutz oder synthetischem Dünger in Berührung. Manchmal finden wir auf diesen Äpfeln sogenannte Schalenfehler, man spricht dabei von »Berostung« oder Schorf. Dies hat keinerlei Einfluss auf den Geschmack oder die Qualität des Apfels oder unseren Organismus. Grundsätzlich gilt: Äpfel sind gesund.

Biodiversität auf Streuobstwiesen

BIODIVERSITÄT

Streuobstwiesen spielen eine wichtige Rolle, wenn es um den Erhalt der Biodiversität geht. In unseren Breitengraden bieten sie einen der artenreichsten Lebensräume.

LEBENSRAUM FÜR PFLANZEN UND TIERE

Die Kombination aus verstreut angeordneten Bäumen und Grasland steht für eine hohe Strukturvielfalt, die vielen Tier- und Pflanzenarten Lebensraum bieten. Schwalbenschwanz, Tausendfüßer, Eidechse, Grasfrosch, Spinne, Feldhase, Siebenschläfer, Steinkauz, Pirol, Wiedehopf, Wiesensalbei und Margerite sind nur einige wenige der rund 5000 verschiedenen Tier- und Pflanzenarten der Streuobstwiese. Allein diese Anzahl macht deutlich, welche Bedeutung die Streuobstwiese für die Biodiversität und somit für eine intakte Umwelt hat. Ein essenzieller Bestandteil der Streuobstwiese sind die Insekten, allen voran Wildbienen, Honigbienen und Ackerhummeln. Bienen und Hummeln finden eine bunte Blütenvielfalt vor, bestäuben gleichzeitig selten gewordene Wildpflanzen und natürlich auch die Obstbäume. Aber nicht nur Bienen sorgen für Bestäubung: Auch Schmetterlinge, Käfer und Fliegen bestäuben, manchmal eher zufällig – aber dafür jeweils ganz bestimmte Pflanzenarten. Damit tragen auch diese Insekten zum Erhalt der biologischen Vielfalt bei und sichern zudem den landwirtschaftlichen Ertrag.

FÖRDERPROJEKTE VON STREUOBST

Die Bedeutung der Streuobstwiese für die Umwelt wird deutlich, wenn man die diversen Förderprojekte betrachtet: Die Heinz Sielmann Stiftung engagiert sich deutschlandweit für den Erhalt von Streuobstwiesen und unterstützt verschiedene Projekte. EU-Förderprogramme für die Erhaltung von Streuobst im Alpenraum sind Ende 2020 unter dem Namen LUIGI-Projekt im Rahmen des Strukturförderprogramms INTERREG angelaufen.

Seit 2021 unterstützt die bayrische Staatsregierung über einen geplanten Zeitraum von 15 Jahren die Erhaltung der Streuobstbestände, ähnliche Projekte und Fördermodelle gibt es auch in anderen Bundesländern ebenso wie in Österreich und der Schweiz.

Projekt Apfel-Birne-Berge

EIN BIODIVERSITÄTSPROJEKT IM OBERBAYRISCHEN ALPENRAUM

Bei dem Projekt von Apfel – Birne – Berge handelt es sich um ein besonderes Biodiversitätsprojekt im oberbayrischen Alpenraum, welches von den fünf Voralpenkreisen Traunstein, Rosenheim, Miesbach, Bad Tölz-Wolfratshausen und Weilheim-Schongau, der Biosphärenregion Berchtesgadener Land und dem Bezirksverband Oberbayern für Gartenkultur und Landespflege getragen wird. Auf fünf Jahre wurde projektiert, von 2019 bis 2024. Das Projektteam vorort mit Basis im Landratsamt Rosenheim besteht aus der Projektmanagerin Eva Bichler-Öttl und dem Pomologen Georg Loferer, der für die Sortenkunde und Kartierung zuständig ist.

ZU BESUCH BEI GEORG LOFERER

Wir verabreden uns mit ihm auf seinem Hof und machen einen Rundgang quer über die Streuobstwiesen in der Nähe von Rohrdorf. Eine leichte Höhenlage zeichnet den sich nach Südwesten abneigenden Hang aus, wo drei Höfe und ihre Landwirtschaft und Baumwiesen sich ausdehnen.

Rund 250 Bäume stehen auf seinen Wiesen, über 100 verschiedene Apfel- und Birnensorten. »Das gehörte schon dem Großvater, der hat einige der Bäume auf dem Gelände gepflanzt«, sagt er. Bäume, die heute nach wie vor vollen Ertrag bringen.

UNBEKANNTE UND VERGESSENE SORTEN

Georgs Hof ist seit 2015 biozertifiziert. Er verkauft, soweit die Zeit es zulässt, gerne auf regionalen Märkten seine teilweise sehr selten gewordenen Streuobstapfelsorten wie zum Beispiel den Paradiesapfel. Vom Berchtesgadener Land bis nach Weilheim-Schongau ist er unterwegs, gibt Schnittkunde an Gartenbauvereine weiter und kommt dabei vergessenen Sorten auf die Spur.

Zahlreiche alte Streuobstsorten können heute keiner bekannten Sorte mehr zugeordnet werden. Sie gelten als unbekannt und fristen bisweilen ein einsames Dasein in einer verwilderten Obstwiese. Häufig stark vergreist ist es eine Frage der Zeit, bis manch eine Sorte mit dem letzten Baum unwiederbringlich verloren geht. Genau darum geht es im Kern der Projektarbeit von Apfel – Birne – Berge, um die Sicherung und den langfristigen Erhalt der unbekannten, vergessenen Sorten, zum Beispiel durch das Anlegen neuer Sortengärten.

BIODIVERSTIÄTSPROGRAMM 2030

Im Rahmen eines Forschungsprojektes der Bayerischen Landesanstalt für Wein- und Gartenbau (LWG) in Zusammenarbeit mit der Bayerischen Landesanstalt für Landwirtschaft (LfL) wurde in den Jahren 2012 bis 2015 die historische Sortenliteratur ausgewertet und dabei für Bayern das ehemalige Vorkommen von fast 2300 Apfelsorten und rd. 1600 Birnensorten festgestellt. Ein enormes genetisches Potenzial! In diesem Potenzial »schlummern« diverse Eigenschaften, die für die künftige Züchtungsarbeit von großem Wert sein können, wie etwa die Widerstandsfähigkeit gegenüber neuartigen Schaderregern oder veränderten Klimabedingungen. Dieses Potenzial ist derzeit weitgehend ungenutzt, denn moderne Sortenzüchtungen gehen zumeist nur auf einige wenige Elternsorten (z. B. beim Apfel nur sechs Elternsorten) zurück. Im Rahmen des »Biodiversitätsprogrammes 2030 NaturVielfaltBayern« wurde der Erhalt einer möglichst hohen genetischen Vielfalt im Bereich der Kulturpflanzen und eine nachhaltige Sicherung der in Bayern heimischen Kulturpflanzensorten festgeschrieben. Darüber hinaus sollen die Verknüpfung von Landnutzung und Agro-Biodiversität sowie Strategien zu deren Vermarktungsfähigkeit zunehmend ins öffentliche Bewusstsein gerückt werden.

*

»Ziel von Apfel – Birne – Berge ist es, die rund 250 neu bestimmten Sorten in sogenannten Sortenerhaltungsgärten in der Region zu kultivieren.«

Georg Loferer

Kompetenzzentrum Obstbau Bodensee

STIFTUNG FÜR FORSCHUNGSARBEITEN IM BEREICH OBSTBAU

Das Institut für Obstbau der Universität Hohenheim erwarb das Gelände rund um den Schuhmacherhof in Bavendorf Ende der 1950er-Jahre. Nach Einsparungsmaßnahmen und Stellenabbau wurde im Jahr 2000 eine Stiftung gegründet, die die Fortsetzung der Forschungsarbeit im Bereich Obstbau weiterhin ermöglichte. Zweck der Stiftung laut Auszug der Stiftungsurkunde ist: die Förderung des Obstanbaus in der Bodenseeregion und damit auch der Erhalt der gewachsenen Kulturlandschaft.

*

DIE STIFTUNG

Getragen wird die Stiftung vom Land Baden-Württemberg, der Uni Hohenheim, der Landkreise Ravensburg, Bodenseekreis und Konstanz, der Württembergischen Obst- und Gemüsebau Genossenschaft, der Marktgemeinschaft Bodenseeobst, dem Obstgroßmarkt Oberkirch, der Ökobo Gesellschaft, dem Landesverband für Erwerbsobstbau und dem Landesverband für Obstbau, Garten und Landschaft Baden-Württemberg. Rund 60 Mitarbeiter, die heute am Kompetenzzentrum tätig sind, arbeiten in den unterschiedlichsten Bereichen wie Betriebsmanagement, Ertragsphysiologie und Produktionstechnik, Nacherntephysiologie, Pflanzengesundheit, ökologischer Obstanbau, Sortenerhaltung und Sortenprüfung. Auf dem Gelände des sogenannten Kernbetriebs befinden sich 28 Hektar Versuchsflächen, plus Institutsgebäude, Wirtschaftsgebäude, ein Forschungs-CA-Lager, ein Gewächshaus und ein Wohnheim. Zwei Hektar werden seit 2005 nach Bioland-Richtlinien bewirtschaftet, dazu kommt ein 18 Hektar großer Modell- und Versuchsbetrieb für ökologischen Obstbau.

*

»Wir arbeiten daran, die guten Eigenschaften der alten Sorten in die Züchtung neuer Sorten zu übertragen, gerade hinsichtlich des Klimawandels eine spannende Aufgabe.«

Dr. Ulrich Mayr

HANS-THOMAS BOSCH

Der Pomologe Hans-Thomas Bosch, den ich während meiner Zeit am Kompetenzzenturm Obstbau Bodensee in Bavendorf (kurz auch KOB genannt) kennenlernen durfte, ist ein zutiefst naturverbundener Mensch. Seine Art und Weise wie er eine Baumwiese betritt, sein Blick, dem nichts zu entgehen scheint, und seine Ruhe, wenn ich ihn mit Fragen zum Thema alte Apfelsorten gelöchert habe, haben Eindruck hinterlassen. Aber wehe eine Wühlmaus hinterlässt irgendwo ihre Spuren, dann ist es mit der Ruhe vorbei.

Hans-Thomas Bosch ist seit vielen Jahren als Pomologe in Bayern und Baden-Württemberg aktiv und betreute viele Projekte, wie das Leader-Projekt zur Nutzung und Erhaltung alter Kernobstsorten im Allgäu und zur Pflege von Obsthochstämmen. Inwischen arbeitet er für die Sortenerhaltungszentrale des Landes Baden-Württemberg. Er ist darüber hinaus auch als Autor tätig und veröffentlichte vor kurzer Zeit das Handbuch »Naturgemäße Kronenpflege am Obsthochstamm«.

DR. ULRICH MAYR

Dr. Ulrich Mayr ist nach Stationen in der Forschung stellvertretender Leiter des Kompetenzzentrums, dessen Fachgebiete zum einen die Sortenprüfung umfasst, die sich mit neuen Züchtungen aus aller Welt auseinandersetzt, um den Obstbauern das Wissen über Anbaueignung und Erträge zu vermitteln, zum anderen die Sortenerhaltung, wo es um den Erhalt der Sortenvielfalt bei alten Apfel- und Birnensorten geht.

Gemeinsam haben wir leidenschaftlich das Thema alte Apfelsorten versus neue Apfelsorten diskutiert. Mythos und Nostalgie, Aroma und Geschmack, Resistenzen und Erträge waren einige der wichtigen Punkte, die es zu erörtern gab und die für mich Licht ins Dunkel brachten, um auch die Zusammenhänge zwischen dem heutigen Erwerbsobstbau und der damaligen Anbauform der Streuobstwiese besser zu verstehen.

Auf die Frage nach ihrem persönlichen Lieblingsapfel, bekam ich zwei schmunzelnde Gesichter zu sehen, aber klar was soll man antworten, wenn man rund 750 alte Apfelsorten und über 200 neue Apfelsorten um sich herum hat.

»Ich probiere auch neue Sorten am Hochstamm aus, um zu sehen wie sich die Streuobstwiese weiterentwickeln kann.«

Hans-Thomas Bosch

Der Obsthof Brugger

ZU BESUCH BEI CHRISTINE BRUGGER AUF DEM BRUGGER HOF IN FRIEDRICHSHAFEN

Als ihr Vater 1973 als einer der ersten Obstbauern in der Bodenseeregion auf biologische Wirtschaftsweise umstellte, wurde er von vielen belächelt. Dem Vater ging es um eine Kehrtwende, weg vom konventionellen Bewirtschaften hin zum naturverträglichen und nachhaltigen Obstbau. Ein Pionier auch auf dem Gebiet neuer Sorten könnte man sagen. Denn von Beginn an wurde auf neue Apfelsorten gesetzt, die resistent gegen verschiedene Krankheiten wie Schorf und Mehltau waren.

BRUGGER HOF

Der Brugger Hof arbeitet seit 1982 nach Demeter Richtlinien und baut auf 16 Hektar, rund 25 Sorten an. Seit 2020 ist Christine Brugger in den Obstbau ihres Vaters mit eingestiegen. Neben dem Alltagsgeschäft auf dem Hof bleibt noch ein wenig Zeit übrig, diese widmet sie ihrer Organic Distillery, wo sie neben Gin auch Pflanzenessenzen herstellt. Als Sensorikwissenschaftlerin war sie lange Zeit in der Lebensmittelindustrie tätig. Seit gut 20 Jahren gibt sie mit ihrem Unternehmen AromaReich ihr breites Wissen der Sensorik in Forschung, Beratung und Schulung weiter. So berät sie im Bereich Apfel unter anderem auch Obstbaugenossenschaften im Alpenraum in mehrtägigen Sensorik-Seminaren.

CHRISTINE BRUGGER

*

»Unsere Nase kann tausende Aromastoffe wahrnehmen; was nicht bedeutet, dass wir in der Lage sind immer alle Aromen zu erkennen oder zu benennen.«

Christine Brugger

BEROSTUNG, SCHALENFEHLER UND SCHORF

Das Thema Berostung, Schalenfehler und Schorf bei Äpfeln beschäftigt Christine Brugger besonders.

Ein biologisch gewachsener Apfel hat im Vergleich zum konventionell angebauten Plantagenapfel andere Stärken als die makellose Optik, denn diese kann oft nur durch den Einsatz von chemisch-synthetischen Spritzmitteln (Pflanzenschutzmitteln) erreicht werden. Sie setzt sich nach einer deutschlandweiten großen Blindverkostung, bei der die Äpfel mit äußerlichen Schalenfehlern gleich gut schmeckten, dafür ein, dass es um mehr Aufklärung und Wissensvermittlung in Bezug auf die kleinen Fehler bei einem natürlich gewachsenen Apfel geht.

VIELFÄLTIGE AROMEN

In Zusammenarbeit mit dem Netzwerk »WIR. Bio Power Bodensee« entwickelte Christine 2021 das Aromarad für Äpfel. Dem Apfel-Aromarad liegen die fünf Geschmacksrichtungen: süß, sauer, salzig, bitter und umami zugrunde. Rund 40 verschiedene Noten aus vier Aromafamilien finden sich auf dem Aromarad mit denen sich die Aromen der verschiedenen Apfelsorten gut beschreiben lassen, mit der Nase, also dem Duft angefangen, bis hin zum Nachgeschmack auf der Zunge nach dem Schlucken. Unglaublich welche vielfältigen Aromen wir wahrnehmen, wenn wir uns die Zeit nehmen und uns ganz darauf fokussieren.

APFEL
AROMA
RAD
FRUCHTIG
OBST
Aprikose
Birne
Melone
Muskatellertraube
Pfirsich
Pflaume
Quitte
TROCKENFRÜCHTE
Feige
Rosine
BEEREN
Johannisbeere rot
TROPISCH
Ananas
Reife Banane
Kiwi
Mango
ZITRUS
Limette
Mandarine
Orange
Zitrone
Zitrusschale
GRÜN
FRISCH
Grüne Banane
Gras
HERBAL
Basilikum
Kraut
Sellerie
FLORAL
BLÜTEN
Holunder
Honig
Rose/Parfümiert
WÜRZIG
GEWÜRZE
Anis
Bittermandel
Coumarin
Fenchel
Pfeffer
Vanille
Zimt
RÖSTAROMEN
Kakao
Nuss
Schokolade
HOLZIG
Holz
Stroh
GESCHMACK
GRUNDGESCHMACK
Adstringierend
Bitter
Sauer
Süß

*

»Da sich Anbauregionen in Bezug auf Mikroklima und Boden stark unterscheiden, hat dies einen Einfluss auf das Aroma und den Geschmack der Äpfel.«

Christine Brugger

Rezepte

51

Frühstück

53

Birchermüesli

ZUTATEN

Für 4 Personen

- 2 Zitronen
- 200 g zarte Haferflocken
- 300 ml Milch
- 4 EL Nusskerne *(z. B. Haselnusskerne, Walnusskerne) oder Mandelkerne*
- 4 Äpfel *(z. B. Brettacher, Gravensteiner oder Melrose)*
- 4 TL Honig

Eine Zitrone auspressen. Den Saft mit den Haferflocken sowie der Milch verrühren und die Mischung abgedeckt im Kühlschrank mindestens 4 Stunden, besser über Nacht, quellen lassen.

Anschließend die Nüsse in einer Pfanne ohne Fett kurz anrösten und grob hacken. Die zweite Zitrone auspressen. Die Äpfel waschen, auf einer Vierkantreibe grob raspeln und sofort mit dem Zitronensaft mischen. Die Mischung mit einem Teil der gehackten Nüsse unter die eingeweichten Flocken heben. Ist die Masse zu fest, etwas mehr Milch zugeben, bis eine cremige Konsistenz entsteht.

Das fertige Müesli auf vier Schalen verteilen. Die restlichen Nüsse darüberstreuen, mit Honig beträufeln und das Müesli servieren.

TIPP

Für mehr Abwechslung und zusätzliche Nährstoffe kann man frische Beeren der Saison, Banane oder Trockenobst wie Rosinen, Cranberrys oder Aprikosen ergänzen. Das Trockenobst nach Belieben grob hacken und am besten mit den Flocken zusammen über Nacht quellen lassen.

Wer sein Müesli gerne vegan zubereitet, tauscht die Milch gegen einen Pflanzendrink und süßt mit Agavendicksaft, Apfelsüße oder Dattelsirup.

Granola

Apfel | Kakao | Nuss

ZUTATEN

Für 1 Blech

FÜR DAS GRANOLA

- 200 g kernige Haferflocken
- 50 g Kürbiskerne
- 40 g Sonnenblumenkerne
- 10 g Leinsamen
- 130 g Apfelmark
- 25 g Rapsöl
- 30 g Apfelsüße
- 1 EL Kakaopulver
- 1 TL gemahlener Zimt
- ½ TL gemahlener Ingwer
- 1 Prise frisch gemahlener schwarzer Pfeffer
- 1 Prise gemahlener Kardamom
- 1 Prise gemahlene Gewürznelke
- 1 Prise gemahlener Piment

AUSSERDEM

- Apfelchips *(Rezept siehe Seite 212)*

Für das Granola den Backofen auf 150–170 °C Umluft vorheizen.

Die trockenen Zutaten in einer Schüssel mischen. In einer zweiten Schüssel das Apfelmark, das Rapsöl und die Gewürze mit einem Schneebesen gründlich vermischen. Dann die trockenen Zutaten zugeben und alles gründlich vermengen, bis eine leicht feuchte, klebrige Masse entstanden ist.

Ein Backblech mit (Dauer-) Backpapier auslegen und die Granola-Masse gleichmäßig darauf verteilen. Das Granola im heißen Ofen 25–35 Minuten backen, dabei alle 8 Minuten durchmischen. Den Backvorgang im Blick behalten, damit nichts anbrennt. Ist das Granola knusprig gebacken, das Blech aus dem Ofen nehmen und das Granola vollständig abkühlen lassen.

Anschließend die Apfelchips hinzufügen – wer mag bricht sie vorher in kleine Stückchen – und alles gründlich durchmischen.

Das Granola entweder sofort servieren oder luftdicht verschließen, so hält es sich etwa 4 Wochen.

TIPP

Kombiniert mit Milch, Joghurt oder pflanzlichen Alternativen und frischem Obst der Saison hat man ein gesundes Frühstück mit vielen Ballaststoffen, Proteinen und Vitaminen, das einen lange satt macht.

Apfelpfannkuchen

ZUTATEN

Für 4 Personen

FÜR DEN TEIG

- 2 Eier
- 200 g Weizenmehl Type 405
- 380 ml Haferdrink
- Salz
- 1 EL Zucker *plus 4 EL mehr zum Servieren*
- 2 Äpfel *(z. B. Boskoop oder Jakob Lebel)*

AUSSERDEM

- Butterschmalz oder Öl *zum Braten*
- ½ TL gemahlener Ceylon-Zimt

Für den Teig die Eier trennen. Das Eigelb mit dem Mehl und dem Haferdrink verrühren. Das Eiweiß mit 1 Prise Salz aufschlagen und dabei 1 EL Zucker einrieseln lassen. Den Eischnee unter die Eigelb-Mehl-Milch-Masse heben.

Die Äpfel waschen, nach Belieben schälen, vierteln und das Kerngehäuse entfernen. Die Apfelviertel in dünne Scheiben hobeln und unter die Teigmischung heben.

Einen großen ofenfesten Teller in den Backofen stellen und den Backofen auf 80 °C Ober-/Unterhitze vorheizen.

Eine Pfanne erhitzen, Butterschmalz hineingeben und schmelzen bzw. flüssig werden lassen. Der Boden sollte gut mit Fett bedeckt sein. Eine Kelle Teig hineingeben und den Teig durch Schwenken der Pfanne gleichmäßig verteilen. Die Apfelscheiben kleben gerne aneinander, bei Bedarf mit dem Pfannenwender voneinander lösen und verteilen. Ist der Teig an der Oberfläche gestockt, die Bräunung an der Unterseite kontrollieren. Ist die Unterseite goldbraun gebacken, den Pfannkuchen wenden und auf der anderen Seite backen. Den fertig gebackenen Pfannkuchen auf den vorgewärmten Teller im Backofen gleiten lassen und dort warm halten. Aus dem restlichen Teig wie beschrieben nacheinander Pfannkuchen backen, bis er aufgebraucht ist.

Nebenbei 4 EL Zucker mit dem Zimt vermischen. Die Pfannkuchen mit dem Zimt-Zucker servieren.

TIPP

Anstatt dem typischen Zimt-Zucker passt auch eine Salz-Karamell-Sauce wunderbar dazu. Hierfür benötigt man 200 g Zucker, 60 g Butter, 150 g süße Sahne, ½ TL Meersalzflocken. Den Zucker in einen Topf geben und goldgelb karamellisieren. Den Topf vom Herd nehmen und zuerst die Butter, dann die Sahne einrühren. Vorsichtig sein, da es spritzen kann. Den Topf zurück auf den Herd stellen und die Sauce köcheln lassen, dabei ständig rühren, bis sie sämig wird und sich alle eventuell entstandenen Klümpchen gelöst haben. Zuletzt die Meersalzflocken hinzufügen. Die Sauce vor dem Servieren auf Zimmertemperatur abkühlen lassen.

Milchreis

Apfelkompott | Zimt-Zucker

ZUTATEN

Für 4 Personen

- 1 l Haferdrink
- Salz
- 1 Zimtstange
- 250 ml Milchreis
- 70 g Aquafaba
  (Kichererbsenkochwasser, optional)
- 1 Glas Apfelkompott
  (Rezept siehe Seite 207)
- Zimt-Zucker
  Menge nach Belieben

Den Haferdrink mit 1 Prise Salz und der Zimtstange aufkochen. Dann den Reis einrühren und bei niedriger Temperatur 20–25 Minuten köcheln lassen, dabei ab und zu umrühren, damit nichts anbrennt. Den Reis kosten, um ihn nicht zu übergaren, er sollte eine cremige Konsistenz, aber noch etwas Biss haben.

Das Aquafaba, falls verwendet, zu Schnee aufschlagen. Ist der Reis fertig gegart, die Zimtstange entfernen und den Aquafaba-Schnee, falls verwendet, unterrühren.

Den Milchreis mit dem Apfelkompott und Zimt-Zucker sofort servieren.

Porridge

Apfel-Orangen-Kompott | Mandelblättchen

ZUTATEN

Für 4 Personen

FÜR DAS KOMPOTT

- 4 Äpfel *(z. B. Roter Boskoop oder Grahams Jubiläumsapfel)*
- 1 unbehandelte Orange
- 1 EL Vanillezucker
- 1 Stück Ingwer *(1,5 cm lang)*

FÜR DAS PORRIDGE

- 500 ml Haferdrink
- 160 g Kleinblatt Haferflocken
- Salz
- 1 EL Butter *(optional)*

AUSSERDEM

- 4 EL Mandelblättchen

Für das Kompott die Äpfel waschen, nach Belieben schälen und das Kerngehäuse entfernen. Die Äpfel in Stücke schneiden und in einen Topf geben. Die Orange heiß waschen, trocken reiben und die Schale abreiben. Den Saft auspressen und mit dem Vanillezucker zu den Äpfeln geben und alles zum Kochen bringen. Danach die Temperatur reduzieren. Den Ingwer schälen, fein reiben und mit dem Orangenschalenabrieb zu den Äpfeln hinzufügen. Die Masse 10–15 Minuten köcheln lassen.

Für das Porridge in der Zwischenzeit den Haferdrink aufkochen. Dann die Temperatur reduzieren und die Haferflocken mit 1 Prise Salz einrühren. Die Mischung mit aufgesetztem Deckel bei niedriger Temperatur 15 Minuten sanft köcheln lassen, dabei ab und zu umrühren, damit nichts ansetzt. Bei Bedarf etwas Haferdrink zugeben, bis die gewünschte Konsistenz erreicht ist. Wer es etwas gehaltvoller mag, rührt am Ende die Butter in Flocken ein.

Die Mandelblättchen in einer Pfanne ohne Fett anrösten.

Zum Anrichten das Porridge auf Schalen verteilen und mit den Mandelblättchen bestreuen. Dann mit dem Apfel-Orangen-Kompott servieren.

Joghurtbrötchen über Nacht

Apfelkonfitüre

ZUTATEN

Für ca. 8 Brötchen

- 350 g Weizenmehl Type 550 *plus mehr zum Arbeiten*
- 100 g Hartweizenmehl
- 10 g frische Hefe
- 1 TL Salz
- 170 g Joghurt *(mind. 3,8 % Fett)*

Die beiden Mehle mit einem Schneebesen in einer Schüssel mischen. In der Mitte eine Mulde formen und die Hefe hineinreiben. 180 ml Wasser hinzufügen und alles mit einer Gabel zu einem Vorteig mischen. Den Teig abdecken und 15 Minuten ruhen lassen.

Anschließend das Salz und den Joghurt hinzufügen und alles zu einem Teig vermengen. Den Teig bei Zimmertemperatur etwa 1 Stunde anspringen lassen. Dann über Nacht in den Kühlschrank stellen.

Am nächsten Morgen den Backofen mit einem eingeschobenen umgedrehten Blech auf 230 °C Umluft vorheizen.

Den Teig in acht Stücke teilen und diese locker rund wirken. Mit dem Schluss nach unten in ein leicht bemehltes Bäckerleinen oder sauberes Geschirrtuch setzen, zwischen den Teiglingen das Tuch etwas nach oben ziehen, um diese zu stützen. Die Teiglinge abdecken und 1 Stunde akklimatisieren lassen.

Dann die Teiglinge mit dem Schluss nach oben auf eine Dauerbackfolie setzen, leicht mit Mehl bestauben und auf das vorgeheizte Blech ziehen. Die Brötchen 15–20 Minuten backen, dabei nach 5 Minuten die Temperatur auf 200 °C senken.

Anschließend die Brötchen herausnehmen. Vor dem Servieren auf einem Kuchengitter etwas abkühlen lassen.

TIPP *

Die Brötchen bereichern jeden Frühstückstisch und schmecken außerdem herrlich mit der Apfelkonfitüre von Seite 220.

Kircherhof

Albeins, Südtirol

Das Eisacktal, das sich vom Brennerpass bis nach Bozen erstreckt, weist ein besonders mildes, fast mediterranes Mikroklima auf. Gleich neben Brixen liegt das kleine Dorf Albeins. Die Familie Noflatscher vom Kircherhof, der seit vier Generationen in ihrem Besitz ist, hat vor einigen Jahren die Entscheidung getroffen, mehr auf Nachhaltigkeit und Kreislaufwirtschaft zu setzen, und zwischenzeitlich zählt der Hof zu den wenigen Bioland-zertifizierten Obst - und Gemüsebetrieben im Eisacktal. Der traditionelle Bauernhof mit eigener Mühle wurde, von der Vorarlberger Architektur inspiriert, um- und angebaut.

Herausgekommen sind feine, schlichte Apartments und eine Gaststube, die mit viel Glas dazu einlädt, den Blick hinaus in die Natur schweifen zu lassen und die außergewöhnliche Lichtstimmung zu genießen. Küchenchef Wolfgang Schmidl hat nach Stationen im Ausland hier seinen kreativen Platz gefunden. Brot wird im Holzbackofen selbst gebacken, Gemüse und Obst kommen aus dem eigenen Garten, sämtliche anderen Zutaten aus kleinen Kreisläufen und alles steht für die Nachhaltigkeit, mit der er und sein Team die traditionelle Eisacktaler Küche neu interpretieren.

Porträt

Kircherhof

67

Cremesuppe vom Kürbis

mit Apfelcreme und Graukäse

ZUTATEN

Für 4 Personen

FÜR DIE CREMESUPPE

- 250 g Hokkaido-Kürbis
- 50 g Zwiebel
- 50 g Butter
- ¼ l Weißwein
- 1,5 l Gemüsefond
- Salz
- frisch gemahlener schwarzer Pfeffer
- Currypulver *zum Abschmecken*
- Cayennepfeffer *zum Abschmecken*
- Honig *zum Abschmecken*

FÜR DIE GRAUKÄSE-CREME

- 30 g Butter
- 30 g Weizenmehl Type 405
- 200 ml Milch
- 100 g süße Sahne
- 80 g Graukäse
- Salz

Für die Cremesuppe den Kürbis waschen, entkernen und in Stücke schneiden. Im Ofen bei 160 °C (Umluft) 25 Minuten rösten.

Danach die Zwiebel abziehen und würfeln. Die Butter erhitzen und die Zwiebel darin glasig anschwitzen, leicht salzen. Dann mit dem Weißwein ablöschen und den Wein verkochen lassen. Den fertig gerösteten Kürbis zugeben und mit dem Gemüsefond aufgießen. Alles etwa 30 Minuten köcheln lassen.

Anschließend die Mischung gründlich mixen. Zuletzt die Suppe mit Salz, Pfeffer, etwas Curry, etwas Cayennepfeffer und Honig abschmecken.

Für die Graukäsecreme die Butter schmelzen. Das Mehl mit einem Schneebesen einrühren. Die Milch und die Sahne vermischen und erwärmen (damit später die Creme nicht so leicht anbrennt). Dann unter ständigem Rühren die Mehlmasse einarbeiten und aufkochen lassen. Danach den Graukäse zugeben. Alles gründlich vermischen und abkühlen lassen.

Anschließend die Masse mit einem Schneebesen aufschlagen. Zuletzt die Creme mit Salz abschmecken und in einen Spritzbeutel abfüllen.

FÜR DIE APFELCREME

- 2 Äpfel *(z. B. Bonita)*
- 30 g Butter
- 50 ml Weißwein
- Salz

FÜR DIE KÜRBIS-STREIFEN UND DIE GERÖSTETEN KÜRBIS-KERNE

- 1 kleines Stück Kürbis
- 1 Handvoll Kürbiskerne
- etwas Kürbiskernöl

Für die Apfelcreme die Äpfel schälen, das Kerngehäuse entfernen und die Äpfel in Würfel schneiden. Die Butter erhitzen und die Äpfel darin anschwitzen. Dann mit dem Weißwein ablöschen und 15 Minuten köcheln lassen.

Anschließend alles gründlich mixen. Zuletzt die Creme mit 1 Prise Salz abschmecken und kalt stellen.

Für die Kürbisstreifen und die gerösteten Kürbiskerne das Kürbisstück waschen und in ganz dünne Streifen schneiden.

Die Kürbiskerne im Backofen bei 160 °C (Umluft) etwa 6 Minuten rösten. Dann die Kerne mit einem Messer fein hacken.

Zum Fertigstellen die Suppe erwärmen. Beide Cremes in Spritzbeutel abfüllen und von beiden Cremes gleich viele Punkte in einen Teller setzen. Die Kürbisstreifen und gerösteten Kerne in den Teller geben. Alles mit etwas Kürbiskernöl beträufeln. Zuletzt bei Tisch mit der Suppe übergießen.

Apfelvinschgerle

ZUTATEN
Für 8 Brote

FÜR DAS BROTGEWÜRZ
- 2 g Fenchelsamen
- 2 g Anissamen
- 2 g Kümmelsamen

FÜR DEN VORTEIG
- 22 g Roggenmehl
- 3 g frische Bio-Hefe

FÜR DEN HAUPTTEIG
- 40 g Apfel
- 50 g Weizenmehl
- 50 g Roggenvollkornmehl
- 200 g Roggenmehl *plus mehr zum Wenden*
- 8,5 g Salz
- 35 g Sauerteig *(Rezept siehe oben)*
- 6 g Brotgewürz *(Rezept siehe oben)*
- 1 EL Brotklee
- Fett für das Blech

Für das Brotgewürz alle Zutaten in einer Pfanne leicht anrösten und anschließend mixen.

Für den Vorteig am Vortag die Zutaten mit 35 ml Wasser zu einem Teig vermischen. Den Vorteig bei Zimmertemperatur über Nacht stehen lassen.

Für den Hauptteig am nächsten Tag/Tag der Zubereitung den Apfel waschen, das Kerngehäuse entfernen und den Apfel in etwa 0,5 cm große Würfel schneiden. Mit den übrigen Zutaten für den Hauptteig und mit 260 ml Wasser in einer Schüssel vermengen. Den Teig mit einem Tuch abdecken und an einem warmen Ort etwa 4 Stunden gehen lassen (je jünger der Sauerteig ist, desto langsamer geht der Hauptteig, je älter, desto schneller).

Anschließend aus dem Teig mit einer befeuchteten Kelle kleine Brote ausstecken. Die Brote in viel Roggenmehl wenden und auf ein gefettetes Blech setzen. Den Backofen auf 250 °C (Ober-/Unterhitze) vorheizen. Die Brote im heißen Ofen etwa 20–25 Minuten backen.

Die Brote abkühlen lassen.

Handgemachte Gnocchi

aus Schüttelbrot, Rotkraut, Nusspesto
und gedünsteten Apfelspalten

ZUTATEN

Für 6 Personen

FÜR DIE GNOCCHI

- 500 g mehligkochende Kartoffeln
- 50 g Schüttelbrot
- 100 g Weizenmehl Type 405 *plus mehr zum Arbeiten*
- 2 Eigelb
- Salz
- frisch gemahlene Muskatnuss
- Butter oder Olivenöl *zum Fertigstellen*
- frischer Majoran *zum Fertigstellen (optional)*

FÜR DIE APFELSPALTEN

- 3 Äpfel *(z. B. Bonita)*
- 50 ml Weißwein
- 100 ml Apfelsaft
- 10 g Zimt-Zucker (Verhältnis 1:10)

Für die Gnocchi die Kartoffel kochen, schälen, durchpressen und vollständig abkühlen lassen. Das Schüttelbrot mixen und sieben. Beides mit dem Mehl und dem Eigelb gründlich verkneten. Die Teigmasse mit Salz und Muskat abschmecken.

Die Arbeitsfläche mit Mehl bestauben und aus dem Teig darauf Rollen mit einem Durchmesser von 0,5 cm formen. Davon Gnocchi mit 0,5 cm Länge abschneiden und die Gnocchi mit Mehl bestauben, damit sie nicht aneinanderkleben. (Tipp: Falls Gnocchi nicht sofort gekocht werden, einfrieren.)

Für die Apfelspalten die Äpfel waschen, das Kerngehäuse entfernen und die Äpfel in Spalten schneiden. Den Weißwein und den Apfelsaft mit dem Zimt-Zucker aufkochen. Die Apfelspalten einlegen und 5 Minuten ziehen lassen (nicht mehr kochen!).

Den Rotkohl waschen, halbieren, den Strunk entfernen und den Kohl in dünne Streifen schneiden (eventuell mit der Aufschnittmaschine). Den Apfel waschen und reiben. Die Orange halbieren und den Saft auspressen.

Für das Rotkraut den Rotkohl mit 200 ml Rotwein, Preiselbeeren, Orangensaft, Zimt sowie dem geriebenen Apfel gründlich durchkneten und über Nacht stehen lassen.

Am nächsten Tag 2 EL Zucker karamellisieren und mit dem restlichen Rotwein ablöschen. Alles auf ein Drittel reduzieren. Den fertig marinierten Rotkohl mit der gesamten Marinierflüssigkeit zugeben.

FÜR DAS ROTKRAUT

- 500 g Rotkohl (Rotkraut)
- 1 Kanzi-Apfel
- 1 Orange
- 400 ml Rotwein
- 80 g Preiselbeeren
- 1 TL gemahlener Zimt
- 2 EL Zucker
- 2 Wacholderbeeren
- 1 Lorbeerblatt
- ½ Kartoffel
- Salz

FÜR DAS NUSSPESTO

- 50 g Haselnusskerne
- 50 g Walnusskerne
- ½ Knoblauchzehe
- 20 ml Olivenöl

Die Wacholderbeeren und das Lorbeerblatt in einen Teesack geben (damit man sie später leichter wieder entfernen kann). Diesen Gewürzbeutel zur Rotkohlmasse hinzufügen und alles ohne Deckel (ohne Deckel wird die Farbe intensiver) 30–40 Minuten köcheln lassen.
Anschließend den Gewürzbeutel entfernen. Die Kartoffel schälen und ganz fein reiben. Zur Bindung gründlich unter den Rotkohl mischen und 5 Minuten köcheln lassen. Zuletzt das Rotkraut mit Salz abschmecken.

Für das Nusspesto die Nüsse schälen und im Backofen bei 160 °C (Ober-/Unterhitze) 7 Minuten rösten.

Dann den Knoblauch abziehen und klein hacken. Die fertig gerösteten Nüsse ebenfalls klein hacken. Mit dem Olivenöl und dem Knoblauch vermischen.
Zum Fertigstellen die Gnocchi in gesalzenes kochendes Wasser geben und köcheln lassen, bis sie aufsteigen und an der Oberfläche schwimmen. Dann mit einer Schöpfkelle herausheben und in Butter kurz schwenken, damit sie nicht zusammenkleben. Die Gnocchi in einem Teller anrichten. Rotkraut, Nusspesto und Apfelspalten obendauflegen. Alles optional mit frischem Majoran garnieren.

Sola

Sauerrahmschmarrn mit Äpfeln

ZUTATEN

Für 6 Personen

FÜR DEN SAUERRAHMSCHMARRN

- 300 g Topfen
- 300 g saure Sahne (Sauerrahm)
- 4 EL Weizenmehl Type 405
- 8 Eigelb
- 1 TL Vanillezucker
- 2 Äpfel
- 8 Eiweiß
- 100g Zucker
- 30 g Butter
- Puderzucker *zum Fertigstellen*

FÜR DIE APFELSPALTEN

- 3 Äpfel *(z. B. Bonita)*
- 50 ml Weißwein
- 100 ml Apfelsaft
- 10 g Zimt-Zucker *(Verhältnis 1:10)*

FÜR DIE APFELCREME

- 2 Äpfel *(z. B. Bonita)*
- 30 g Butter
- 50 ml Weißwein
- Salz

Für den Sauerrahmschmarrn Topfen, saure Sahne, Mehl, Eigelb und Vanille in einer Schüssel mit einem Schneebesen vermischen.

Die Äpfel waschen, das Kerngehäuse entfernen und die Äpfel in kleine Stücke schneiden.

Eiweiß und Zucker zu Schnee schlagen. Den Eischnee vorsichtig unter die Saure-Sahne-Masse heben, bis ein homogener Teig entstanden ist.

Die Butter in einer kleinen Pfanne erhitzen, den Teig hineingießen und die Apfelstücke einstreuen.
Kurz auf dem Herd stehen lassen, damit der Teigboden angebacken ist.

Den Backofen auf 165 °C (Ober-/Unterhitze) vorheizen. Den Schmarrn im heißen Ofen 15 Minuten backen.

Für die Apfelspalten die Äpfel waschen, das Kerngehäuse entfernen und die Äpfel in Spalten schneiden. Den Weißwein und den Apfelsaft mit dem Zimt-Zucker aufkochen. Die Apfelspalten einlegen und 5 Minuten ziehen lassen (nicht mehr kochen!).

Für die Apfelcreme die Äpfel schälen, das Kerngehäuse entfernen und die Äpfel in Würfel schneiden. Die Butter erhitzen und die Äpfel darin anschwitzen. Dann mit dem Weißwein ablöschen und 15 Minuten köcheln lassen.

Anschließend alles gründlich mixen. Zuletzt die Creme mit 1 Prise Salz abschmecken und kalt stellen.

FÜR DAS BRATAPFEL-SORBET

- 500 g Äpfel *(z. B. Kanzi)*
- 1 Zitrone
- 50 g Butter
- 2 EL Zimt-Zucker
- 80 g Zucker
- Apfelsaft zum Mixen

FÜR DIE HASELNUSS-STREUSEL

- 20 g kalte Butter
- 20 g Weizenmehl Type 405
- 20 g geriebene Haselnusskerne
- 20g brauner Zucker

Für das Bratapfelsorbet die Äpfel waschen, das Kerngehäuse entfernen und die Äpfel in Spalten schneiden. Den Saft der Zitrone auspressen. Die Butter schmelzen. Die Äpfel mit der flüssigen Butter, Zimt-Zucker, Zucker und Zitronensaft mischen.

Alles auf ein Blech geben und im Backofen bei 160 °C (Ober-/Unterhitze) etwa 20 Minuten karamellisieren. Anschließend die Masse im Tiefkühlfach/Tiefkühler zu einem Sorbet einfrieren. Das Sorbet vor dem Servieren mit etwas Apfelsaft mixen.

Für die Haselnussstreusel alle Zutaten verkneten. Die Masse zu Streuseln zerkrümelt auf Backpapier streuen und etwa 30 Minuten kalt stellen.
In der Zwischenzeit den Backofen auf 180 °C (Ober-/Unterhitze) vorheizen. Die Streusel im heißen Ofen 6–8 Minuten backen.

Zum Fertigstellen den Schmarrn in Stücke zupfen. Die Apfelspalten und die Apfelcreme auf dem Schmarrn verteilen. Alles mit Puderzucker bestreuen. Den Boden einer kleinen Schale mit den Nussstreuseln bedecken. Je eine Kugel Sorbet auf die Streusel setzen. Alles zusammen servieren.

Salate

83

Feldsalat

Apfel | Käse | Nüsse

ZUTATEN

Für 4 Personen

FÜR DIE GEFÄRBTEN ÄPFEL

- 2 Äpfel *(z. B. Jonathan)*
- 500 ml Rote-Bete-Saft
- 1 Lorbeerblatt
- ½ TL Koriandersamen

FÜR DEN SALAT

- 4 EL Walnusskerne
- 150–200 g Feldsalat
- Salz
- 2 EL Apfelverjus
- 2 EL Walnussöl
- 2 EL Olivenöl
- frisch gemahlener schwarzer Pfeffer
- 400 g Ziegenkäse

AUSSERDEM

- 1 hohes Schraubglas *(ca. 1 l) mit Deckel*
- 1 Holzspieß
- 4 Scheiben Weizenbrot

Für die gefärbten Äpfel am Vortag die Äpfel schälen und in das gründlich gereinigte Glas geben, dieses auf ein Holzbrett oder einen Korkuntersetzer stellen. Den Rote-Bete-Saft mit den Gewürzen einmal aufkochen und dann zu den Äpfeln ins Glas geben. Die Äpfel sollten damit bedeckt sein, fehlt noch etwas Flüssigkeit, mit etwas kochendem Wasser aufgießen. Den Holzspieß so zurechtbrechen, dass er innen unter den Glasrand geklemmt die Äpfel nach unten drückt, und so einklemmen. Das Glas mit dem Deckel verschließen.

Für den Salat am nächsten Tag die Walnüsse in einer Pfanne ohne Fett anrösten. Danach abkühlen lassen und anschließend grob hacken. Den Feldsalat verlesen, sorgfältig waschen und trocken schleudern.

Etwas Salz im Apfelverjus auflösen. Die beiden Öle und Pfeffer (Menge nach Belieben) hinzufügen und alles zu einem Dressing mischen.

Die Äpfel aus dem Sud nehmen und zum Abtropfen in ein Sieb geben. Das Brot in mit Olivenöl beträufeln und in einer Pfanne rösten.

Die Äpfel vierteln und mit dem Feldsalat und dem Ziegenkäse auf Teller verteilen. Etwas Dressing darüberträufeln und mit Walnüssen bestreut servieren. Dazu das geröstete Brot reichen.

Fenchelsalat

Apfel | Walnüsse

ZUTATEN

Für 4 Personen

FÜR DAS DRESSING

- 2 EL Apfelverjus
- Salz
- 1 TL Ahornsirup
- 2 EL Walnussöl
- 3 EL Olivenöl
- frisch gemahlener schwarzer Pfeffer

FÜR DEN SALAT

- 2 Knollen Fenchel
- 2 Äpfel *(z. B. James Grieve)*
- 80 g Walnusskerne

AUSSERDEM

- 1 hohes Schraubglas *(ca. 1 l) mit Deckel*
- 1 Holzspieß
- 4 Scheiben Weizenbrot

Für das Dressing den Apfelverjus und 2 Prisen Salz in eine Salatschüssel geben und mit einem Schneebesen so lange verrühren, bis sich das Salz aufgelöst hat. Dann den Ahornsirup und die Öle hinzufügen und alles zu einem Dressing aufschlagen. Zuletzt mit 5 Grinds Pfeffer würzen.

Für den Salat den Fenchel und die Äpfel waschen. Das Fenchelgrün zum Garnieren beiseitelegen. Die Äpfel vom Kerngehäuse befreien. Fenchelknollen und Äpfel fein hobeln. Mit dem Dressing mischen und 20–30 Minuten ziehen lassen.

Zwischenzeitlich die Walnüsse in einer Pfanne ohne Fett kurz rösten und danach grob zerkleinern.

Den Salat mit den Walnüssen sowie dem beiseitegelegten Fenchelgrün bestreuen und servieren.

Wachter Foodbar

Prien am Chiemsee, Bayern

Prien, am malerischen Chiemsee gelegen, zählt zu den 100 Genussorten Bayerns. Diese Orte zeichnen sich durch die enge Verknüpfung von Kulinarik und Kultur aus. Wer auf der Suche nach kreativer Küche und einem besonderen Ambiente ist, sollte bei Dominik Wachter an der Foodbar Platz nehmen. Es gibt keinen Sicherheitsgurt, Sie können sich also nur am Teller festhalten und mit allen Sinnen eines seiner ständig wechselnden Menüs genießen. Die adäquate Weinbegleitung tut das ihre dazu. Die Natur steht im Mittelpunkt der Menüs des jungen Chefkochs Dominik Wachter: pure kreative Kochkunst. Er ist einer, der selbst Pilze sammeln geht und mit Schätzen nach Hause kommt, der alles Mögliche fermentiert, der Brot bäckt, ständig experimentiert und außerdem auch noch Aquarelle malt. Über seine Arbeit in der Küche sagt er: »Es geht einfach nur um gutes Essen, um feinste Kreationen, die Spaß machen und Emotionen schaffen.«

Porträt
Dominik Wachter

91

Geräucherter Chiemsee-Aal

mit Teriyaki-Sauce, Jalapeño und Gravensteiner Apfel

ZUTATEN

Für 4 Personen

FÜR DEN CHIEMSEE-AAL MIT TERIYAKI-SAUCE

- 1 Stück geräucherter Aal *(ca. 20 cm lang)*
- 100 ml Sojasauce
- 100 ml Sake
- 100 ml Mirin
- 2 EL Honig
- frische Berberitze und frische Kapuzinerkresse *zum Fertigstellen*

FÜR DAS JALAPEÑO-APFEL-EIS

- 1 grüne Jalapeño
- 30 ml Essig
- 50 g Glukose
- 70 g Zucker
- 350 ml Apfelsaft
- Salz
- frisch gemahlener schwarzer Pfeffer
- 25 g Stangensellerieblätter

FÜR DEN GRAVENSTEINER-APFEL

- 1 Apfel *(Gravensteiner)*
- 1 Limette
- Olivenöl *zum Marinieren*
- Salz
- frisch gemahlener schwarzer Pfeffer

Für den Chiemsee-Aal den Aal von Gräten und Haut befreien, in vier gleich große Stücke schneiden und beiseitestellen.

Die restlichen Zutaten zusammen mit Haut und Gräte des Aals einmal aufkochen und in 15 Minuten zu einer Sauce köcheln lassen. Dann die Aal-Teriyaki-Sauce durch ein Sieb passieren.

Die beiseitegestellten Aalstücke mit der Teriyaki-Sauce bestreichen und mithilfe eines Bunsenbrenners karamellisieren. Diesen Vorgang 2- bis 3-mal wiederholen.

Für das Jalapeño-Apfel-Eis die Jalapeño waschen und in feine Ringe schneiden. Zusammen mit Essig, Glukose und Zucker aufkochen. Den Apfelsaft zugeben. Dann die Masse abkühlen lassen.

Anschließend die Masse mit Salz, Pfeffer und Stangensellerieblättern verfeinern und in einem Paco-Jet-Becher einfrieren. Vor dem Servieren das Eis aufmixen.

Für den Gravensteiner-Apfel den Apfel waschen, das Kerngehäuse entfernen und den Apfel mithilfe einer Mandoline in feine Bahnen hobeln. Den Saft der Limette auspressen. Die Apfelbahnen mit etwas Olivenöl, Salz und Limettensaft marinieren.

Zum Fertigstellen den flambierten Aal mittig auf einen Teller geben, den marinierten Apfelsalat an den Aal drapieren und eine Nocke von dem Jalapeño-Apfel-Eis dazugeben. Mit etwas frischer Berberitze und Kapuzinerkresse garnieren.

Lachsforelle

mit Sommerrenette und Kürbis

ZUTATEN

Für 4 Personen

FÜR DIE LACHSFORELLE UND DAS TATAR

- 2 Äpfel *(z. B. Sommerrenette)*
- 1 unbehandelte Limette
- Salz
- Zucker
- 2 Lachsforellenfilets
- Olivenöl
- 1 kleine Zwiebel
- frisch gemahlener schwarzer Pfeffer
- Kürbiskerne
- 1 kleiner Hokkaido-Kürbis
- 1 Stück Ingwer *(2 cm lang)*
- 50 g Butter
- gutes Kürbiskernöl *zum Fertigstellen*

Die Äpfel waschen, halbieren und mithilfe eines kleinen Kugelausstechers aushöhlen. Die Limette heiß waschen, trocken reiben, die Schale abreiben und den Saft auspressen. Den Abrieb beiseitestellen. Die ausgestochenen Apfelperlen in etwas Limettensaft, Salz und Zucker marinieren.

Anschließend die Fischfilets von Gräten sowie Haut befreien, aus dem hohen Teil des Filets vier gleichmäßige Stücke zerteilen und kalt stellen.

Die restlichen Abschnitte der Forellenfilets in ein Tatar schneiden und mit Olivenöl marinieren. Die Zwiebel abziehen und fein würfeln. Das Tatar mit den Zwiebelwürfeln, Salz, Zucker sowie Pfeffer abschmecken und in die ausgehöhlten Apfelhälften füllen. Die Kürbiskerne rösten. Das Tatar mit den Kürbiskernen und den Apfelperlen garnieren. Bis zum Servieren kalt stellen.

Den Kürbis waschen, halbieren, entkernen und in kleine Stücke schneiden. Den Ingwer schälen und hacken. Die Butter in einem Topf erhitzen und den Ingwer darin leicht anschwitzen. Den Kürbis hinzufügen, mit Salz abschmecken und bei mittlerer Temperatur weich dünsten. Anschließend den Kürbis pürieren und bei Bedarf nachwürzen.

Die portionierten Lachsforellenstücke mit etwas Olivenöl, Salz, Zucker und Limettenabrieb marinieren. Dann im Backofen bei 80 °C (Ober-/Unterhitze) 20 Minuten garen.

Zum Fertigstellen die zart gegarte Lachsforelle auf dem lauwarmen Kürbispüree anrichten und mit gutem Kürbiskernöl verfeinern. Zusammen mit dem Apfeltatar servieren.

Entenbrust

mit Boskoop-Apfel, Grünkohl und Waldpilzen

ZUTATEN

Für 4 Personen

- 2 Äpfel *(z. B. Boskoop)*
- 1 Lorbeerblatt
- 1 Sternanis
- frisch gemahlener schwarzer Pfeffer
- Salz
- 50 g Zucker
- 50 g Essig
- 1 Staude Grünkohl
- 1 Zwiebel
- 50 g Butter
- 150 g süße Sahne
- 2 Entenbrüste
- 200 gemischte Waldpilze
- 1 Glas Entenjus (400 ml)
- feine Speisestärke *zum Abbinden*

ZUM ANRICHTEN

- Kartoffelgratin

Die Äpfel schälen und daraus mit einem Parisienne-Ausstecher gleichmäßige Kugeln ausstechen. Apfelabschnitte, -schale und -kerngehäuse zusammen mit den Gewürzen (Lorbeerblatt, Sternanis, Pfeffer und etwas Salz) und je gleichen Teilen (50 g) an Zucker, Wasser und Essig 10 Minuten köcheln lassen. Anschließend den Apfel-Gewürz-Sud durch ein Sieb passieren und dann die ausgestochenen Apfelkugeln darin bissfest garen.

Den Grünkohl vom Stiel befreien und in Salzwasser blanchieren. Die Zwiebel abziehen, in Würfel schneiden und in der Butter anschwitzen. Mit der Sahne ablöschen und zur Hälfte einkochen lassen. Den Grünkohl zugeben und zu einer glatten Creme pürieren. Abschließend die Creme mit Salz und Pfeffer abschmecken.

Die Haut der Entenbrüste rautenförmig einschneiden, mit Salz und Pfeffer würzen und die Entenbrüste auf der Hautseite in eine kalte Pfanne legen. Das Fett bei mittlerer Temperatur auslassen, damit die Haut knusprig wird. Danach die Ente aus der Pfanne nehmen und im Backofen bei 120 °(Ober-/Unterhitze) garen, bis die Kerntemperatur 56 °C beträgt.

Die Waldpilze bei Bedarf mit einem Pinsel oder einem trockenen Tuch vorsichtig säubern und putzen. Klein schneiden und in dem ausgelassenen Entenfett knusprig braten. Den entstandenen Bratensaft der Ente zusammen mit der Entenjus um die Hälfte reduzieren, mit in kaltem Wasser angerührter feiner Speisestärke abbinden und abschließend mit etwas Salz und Pfeffer würzen.

Die Entenbrüste halbieren und mittig auf die Teller legen. Seitlich davon je eine Nocke Grünkohlpüree und das als rechteckigen Block ausgestochene Kartoffelgratin anrichten. Die Waldpilze über das Kartoffelgratin und die Apfelkugeln danebenlegen. Abschließend die Sauce darübergießen.

Topfenknödel

mit Saint-Tropez-Apfel und Ingwereis

ZUTATEN

Für 4 Personen

FÜR DIE TOPFEN-KNÖDEL

- ½ Vanilleschote
- ½ unbehandelte Orange
- 50 g zimmerwarme Butter
- 40 g Zucker
- 1 Ei
- 2 Eigelb
- 400 g Magerquark
- ½ Pck. Toastbrot (125 g)
- Brioche-Brösel

Für die Topfenknödel das Mark der Vanilleschote auskratzen. Die Orange heiß waschen, trocken reiben und die Schale abreiben. Die Butter mit dem Vanillemark, dem Zucker und dem Orangenabrieb schaumig schlagen. Nach und nach das Ei und die Eigelbe unterschlagen. Dann die Masse vorsichtig mit dem Quark vermischen. Das Toastbrot entrinden, würfeln und unter die Mischung heben. Alles zu einem Knödelteig vermengen. Den Teig mindestens 30 Minuten im Kühlschrank ziehen lassen.

Anschließend Wasser in einem Topf zum Kochen bringen. Von dem Teig kleine Knödelportionen abdrehen und diese zu Knödeln formen. Die Knödel in das kochende Wasser geben, dann den Herd sofort ausschalten und die Knödel mit aufgesetztem Deckel 20 Minuten ziehen lassen.

Danach die Knödel herausnehmen und gut abtropfen lassen. Die Brioche-Brösel in einer Pfanne ohne Fettzugabe rösten und die abgetropften Knödel darin wälzen.

FÜR DAS INGWEREIS

- 120 g Eigelb
- 250 ml Milch
- 250 g süße Sahne
- 130 g Zucker
- 30 g frisch geriebener Ingwer

FÜR DIE APFELRINGE

- 2 Äpfel *(z. B. Saint Tropez)*
- ½ unbehandelte Orange
- ½ unbehandelte Zitrone
- 100 g Zucker
- 50 ml Weißwein

ZUM FERTIGSTELLEN

- Waffelblätter
- pochierte Apfelkugeln
- essbare Blüten
- geröstete Briochebrösel

Für das Ingwereis das Eigelb verquirlen. Milch, Sahne, Zucker und Ingwer aufkochen. Die Milch-Sahne-Mischung etwas abkühlen lassen, dann über das Eigelb gießen. Diese Masse dann über einem heißen Wasserbad unter ständigem Rühren auf 85 °C erhitzen (zur Rose abziehen). Diese Eisgrundmasse durch ein Sieb passieren, abkühlen und danach im Kühlschrank durchkühlen lassen. Anschließend in einer Eismaschine zu cremigem Eis gefrieren.

Die Äpfel schälen, quer halbieren und die Kerngehäuse herausschneiden. Dann von jeder Apfelhälfte eine etwa 1 cm dicke Scheibe sauber abschneiden, die Schnittflächen mit etwas Zitronensaft einreiben und beiseitelegen. Die Apfelreste aufbewahren. Die Orange und Zitrone heiß waschen, trocken reiben und von beiden Zesten abziehen.

Den Zucker in einem Topf karamellisieren. Dann mit dem Weißwein und 200 ml Wasser ablöschen. Die Apfelabschnitte zusammen mit den Zesten zugeben und 15 Minuten unter gelegentlichem Umrühren köcheln lassen. Anschließend den Sud durch ein Sieb passieren. Die Apfelringe im Sud bissfest pochieren. Vor dem Servieren die Apfelscheiben etwas abtropfen lassen und den Apfel-Karamell-Sud in eine kleine Spritzflasche abfüllen.

Die pochierten Apfelscheiben auf die Teller legen. Auf einer Seite den Topfenknödel anrichten und mit einem Waffelblatt garnieren. Je drei Apfelkugeln auf die Apfelringe legen und mit den Blüten garnieren. Drei Tupfen abgekühlten Apfel-Karamell-Sud vorsichtig dazwischen tropfen. Auf der anderen Tellerseite die Briochebrösel platzieren und je eine Nocke Ingwereis darauf anrichten.

HAUPTSPEISEN

Hauptspeisen

103

Risotto

Rote Bete | Apfel

ZUTATEN

Für 4 Personen

- 1 Gemüsezwiebel
- 7 EL Olivenöl
- Salz
- 1 TL getrockneter Thymian
- 300 g Risotto-Reis
- 100 ml Weißwein
- 2 Rote Beten
- 1 EL Apfelessig
- frisch gemahlener schwarzer Pfeffer
- 1 Apfel *(z. B. Danziger Kant)*
- 1 TL Zucker
- 80 g Parmesan
- 4 EL Walnusskerne

1 l Wasser zum Kochen bringen. Die Zwiebel abziehen und fein würfeln. 5 EL Olivenöl in einem Topf erhitzen und die Zwiebel mit 1 Prise Salz darin glasig dünsten. Den Thymian und den Reis hinzufügen und 2 Minuten anrösten. Dann mit dem Weißwein ablöschen und unter Rühren so lange köcheln, bis der Wein fast verdunstet ist. Eine Schöpfkelle des kochenden Wassers hinzufügen und einkochen lassen. So lange wiederholen, bis das Wasser aufgebraucht ist und der Reis noch Biss hat, dabei immer wieder rühren. Nach etwa 20 Minuten den Reis kosten und seine Konsistenz prüfen.

Währenddessen Wasser in einem kleinen Topf zum Kochen bringen. Die Roten Beten schälen, in kleine Würfel schneiden und in dem kleinen Topf 4–6 Minuten blanchieren. Anschließend abgießen und abtropfen lassen. Die Würfel mit dem Apfelessig und dem restlichen Olivenöl (2 EL) marinieren.

Den Apfel waschen, das Kerngehäuse entfernen und den Apfel klein würfeln. Die Würfel mit dem Zucker in einer Pfanne kurz karamellisieren.

Den Parmesan fein reiben. Ist der Reis fertig gegart, den größten Teil des Käses unterrühren.

Den Risotto auf Tellern anrichten und mit Roten Beten, Äpfeln und Walnüssen garnieren. Den restlichen Parmesan darüberstreuen und sofort servieren.

TIPP

Aus Rote-Bete- und Apfelwürfeln lässt sich ein köstliches Pesto zubereiten. Beides wie oben beschrieben verarbeiten und mit Walnüssen, Olivenöl, 1 Prise Salz und frisch gemahlenem schwarzen Pfeffer zu einem Pesto mixen. Zum Servieren das Pesto mit etwas Nudelwasser verrühren und unter frisch gekochte Pasta heben. Nach Belieben mit etwas frisch geriebenem Parmesan und einigen Thymian- oder Basilikumblättchen anrichten.

Herzhafte Mini-Galette

Apfel | Bunte Beten | Blauschimmelkäse

ZUTATEN

Für 4 Personen

FÜR DEN TEIG

- 300 g Weizenmehl Type 550 *plus mehr zum Arbeiten*
- ½ TL Anissamen, zerstoßen
- ½ TL frisch gemahlener schwarzer Pfeffer
- ½ TL Salz
- 150 g kalte Butter
- 50 ml Milch oder Pflanzendrink

FÜR DIE CREME

- 200 g Schmand
- 1 EL Zitronensaft
- 2 TL Zitronenthymianblättchen
- 1 TL Chiliflocken
- 1 Prise Salz

Für den Teig die trockenen Zutaten in die Schüssel der Küchenmaschine geben und mit einem Schneebesen vermischen. Die kalte Butter in kleine Stückchen schneiden und zur Mehlmasse hinzufügen. Mit dem Flachschläger langsam mischen. Die Milch und 100 ml eiskaltes Wasser dazugießen und alles bei höherer Geschwindigkeit kurz zu einem Teig verarbeiten. Die Zutaten sollen sich gerade so verbinden. Den Teig auf die Arbeitsfläche geben und in vier gleich große Stücke teilen. Jedes Stück zügig zu einer flachen Scheibe formen, in Folie einschlagen und für mindestens 1 Stunde in den Kühlschrank legen.

Den Backofen auf 180 °C Umluft vorheizen. Zwei Bleche mit Backpapier auslegen.

Für die Creme alle Zutaten gründlich verrühren. Die Creme bis zur Verwendung kalt stellen.

FÜR DEN BELAG

- 2 Rote Beten
- 2 Gelbe Beten
- 1 rote Zwiebel
- 2 würzige Äpfel *(z. B. Biesterfelder Renette)*

AUSSERDEM

- 4 EL Olivenöl
- 4 EL Milch *zum Bestreichen*
- 100 g Blauschimmelkäse oder Gorgonzola
- 4 Zweige Zitronenthymian, *Blättchen abgezupft*

Für den Belag die Gelben Beten schälen, längs halbieren, in feine Scheiben schneiden und in einer Schüssel bereitstellen. Mit den Roten Beten genauso verfahren. Die Zwiebel abziehen und in dünne Scheiben schneiden. Die Äpfel waschen, halbieren, das Kerngehäuse entfernen und die Äpfel ebenfalls in dünne Scheiben schneiden.

Die Teiglinge auf der leicht bemehlten Arbeitsfläche nacheinander dünn ausrollen (Durchmesser etwa 20 cm). Die Creme auf die vier Teigplatten verteilen und von der Mitte nach außen glatt streichen, dabei einen Rand von 4–5 cm frei lassen. Dann abwechselnd mit Apfel-, Betenscheiben und Zwiebeln fächerförmig belegen. Die Teigränder rundherum hoch- und am Rand über die Füllung klappen und leicht festdrücken. Den Belag jeweils mit etwas Olivenöl beträufeln und den Rand jeweils mit etwas Milch einstreichen.

Je zwei Galettes auf ein Blech legen und im heißen Ofen in insgesamt 20–30 Minuten knusprig goldbraun backen, dabei nach 10–15 Minuten kontrollieren, ob alles gleichmäßig backt, und bei Bedarf die Bleche rotieren.

Sind die Galettes fertig gebacken, vom Blech auf ein Kuchengitter gleiten lassen. Den Blauschimmelkäse zerbröseln und auf den Galettes verteilen. Alles mit den Zitronenthymianblättchen bestreuen und sofort servieren.

Galette Bretonne

ZUTATEN

Für 8 Stück

FÜR DEN TEIG

- 15 g Salzbutter *plus mehr zum Fetten der Pfanne*
- 250 g Buchweizenmehl
- 2 Eier
- 200 ml Milch

FÜR DIE FÜLLUNG

- 400 g kleine braune Champignons
- 1 Zwiebel
- 4 Äpfel *(z. B. Ananas-renette)*
- 20 g Ghee oder Butter-schmalz *plus mehr zum Fetten der Pfanne*
- Salz
- 1 unbehandelte Zitrone
- frisch gemahlener schwar-zer Pfeffer
- etwas Piment d'Espelette
- 400 g Camembert

AUSSERDEM

- 1 Schale Kresse

Für den Teig die Butter schmelzen und kurz abkühlen lassen. Das Buchweizenmehl mit den Eiern, der flüssigen Butter und 200 ml Wasser mischen. Die Milch hinzufügen und alles zu einem glatten Teig rühren. Mindestens 1 Stunde besser über Nacht im Kühlschrank ruhen lassen. Nach der Ruhezeit den Teig mit einem Schneebesen kurz aufrühren.

Für die Füllung die Pilze bei Bedarf mit einem Pinsel oder einem trockenen Tuch vorsichtig säubern, putzen und je nach Größe halbieren oder vierteln. Die Zwiebel abziehen und in Würfel schneiden. Die Äpfel waschen. Eine Pfanne erhitzen und das Ghee darin schmelzen. Die Zwiebel mit 1 Prise Salz darin bei mittlerer Temperatur kurz andünsten. Die Pilze zugeben und 3–5 Minuten anbraten. Die Zitrone heiß waschen und trocken reiben, die Schale fein abreiben und den Abrieb zu den Pilzen geben. Den Zitronensaft auspressen und mit etwas Wasser mischen. Die Äpfel in dünne Scheiben schneiden und die Kerne entfernen. Die Apfelscheiben in das Zitronenwasser legen. Die Pilzmasse mit Salz, Pfeffer und etwas Piment d'Espelette würzen.

Eine Gusspfanne erhitzen und mit Ghee oder Butterschmalz fetten, eine Schöpfkelle Teig hineingeben und entweder mit einem Rakel oder durch Schwenken der Pfanne sofort gleichmäßig verteilen. Den Camembert in Scheiben schneiden. Ist der Teig goldbraun gebacken und löst sich am Rand, die Galette wenden und die andere Seite ebenfalls kurz backen, dabei nach dem Wenden einige Scheiben Käse und Apfel in die Mitte legen, sodass ein Quadrat entsteht.

Ist die Galette fertig durchgebacken und der Käse geschmolzen, die Ränder von allen vier Seiten einklappen, sodass die Mitte sichtbar bleibt. Zuletzt etwas Pilzfüllung daraufsetzen. Auf diese Weise weitere Galettes ausbacken, bis der Teig und die Füllung aufgebraucht sind.

Die Galettes mit der Kresse bestreut sofort servieren.

Apfel-Mangold-Tarte

ZUTATEN

Für 1 Tarteform *(ø 28–30 cm)*

FÜR DEN TEIG

- 250 g Dinkelvollkornmehl
- 125 g Butter *plus mehr für die Form*
- 1 Prise Salz
- 1 Prise Cayennepfeffer
- 1 Ei

FÜR DIE FÜLLUNG

- 500 g bunter Mangold
- 2 Schalotten
- 1 Knoblauchzehe *(optional)*
- 2 EL Olivenöl
- Salz
- frisch gemahlener schwarzer Pfeffer
- ½ TL Ras el Hanout
- 250 g Quark
- 200 g saure Sahne
- 4 Eier
- 50 g Bergkäse
- 1 Prise Chiliflocken
- 2 Äpfel *(z. B. Danziger Kant)*

AUSSERDEM

- getrocknete Hülsenfrüchte oder Blindbackkugeln zum Blindbacken
- 50 g Haselnussblättchen

Für den Teig alle Zutaten plus 2 EL kaltes Wasser zügig zu einem Teig verarbeiten. Diesen zu einer flachen Scheibe formen, in ein Wachstuch einwickeln und mindestens 30 Minuten kalt stellen.

Den Backofen auf 180 °C Umluft oder 200 °C Ober-/Unterhitze vorheizen.

Für die Füllung den Mangold waschen, die Stiele in dünne Scheiben und die Blätter in Streifen schneiden. Schalotten und, falls verwendet, Knoblauch abziehen und beides in kleine Würfel schneiden. Eine Pfanne erhitzen. Das Olivenöl hineingeben und und Schalotten, Knoblauch und Mangoldstiele darin 4–5 Minuten dünsten. Dann die Mangoldstreifen untermischen und bei geschlossenem Deckel 5 Minuten zusammenfallen lassen. Zuletzt die Mangoldmasse mit Salz, Pfeffer und dem Ras el Hanout würzen.

Die Tarteform mit etwas Butter fetten. Den Teig etwas größer als die Form ausrollen und die Form damit auskleiden. Mit einer Gabel den Teigboden einige Male einstechen. Ein Backpapier zerknüllen, wieder auseinanderfalten und auf den Teigboden geben, mit getrockneten Hülsenfrüchten oder Blindbackkugeln beschweren. Den Teig im heißen Ofen etwa 15 Minuten vorbacken. Anschließend die Form herausnehmen und Backgewicht sowie Papier entfernen.

Den Quark, die saure Sahne und die Eier mit einem Schneebesen vermengen. Den Käse fein reiben und unterrühren. Mit 1 Prise Salz und den Chiliflocken würzen.

Die Äpfel waschen, das Kerngehäuse entfernen und die Äpfel klein würfeln. Unter die Mangoldmasse mischen. Die Mischung auf dem vorgebackenen Boden verteilen. Zuletzt die Quarkmasse darüber verteilen.

Die Tarte im heißen Ofen 30–40 Minuten backen, dabei 10 Minuten vor dem Ende der Backzeit die Haselnussblättchen auf der Tarte verteilen. Die fertig gebackene Tarte noch warm servieren. Dazu passt ein frischer Salat der Saison.

Pinsa

Apfel | Radicchio | Gorgonzola | Haselnuss

ZUTATEN

Für 4 Personen

TAG 1 BIGA

- 0,2 g frische Bio Hefe
- 100 g Manitobamehl oder Weizenmehl Type 550
- 1 Schraubglas oder 1 Schüssel mit Deckel

TAG 2 HAUPTTEIG

- 300 g Manitobamehl oder Weizenmehl Type 550
- 1,5 frische Bio Hefe
- 75 g helle Reismehl
- 25 Sojamehl, getoastet
- 10 g Salz
- 20 g extra vergine Olivenöl
- Olivenöl zum Fetten der Teigwanne
- Reismehl zum Arbeiten
- 1 Teigwanne oder Box mit Deckel

Die Hefe in 60 ml kaltem Wasser auflösen. Mit dem Mehl zu einem Teig kneten. In das Schraubglas oder die Schüssel geben und verschließen bzw. abdecken. Bei Zimmertemperatur 10–12 Stunden reifen lassen. Der Biga-Vorteig sollte sichtbar aufgegangen und von Bläschen durchzogen sein.

Die Mehle mit einem Schneebesen in einer Schüssel mischen. In der Rührschüssel der Küchenmaschine die Hefe in 280 ml kaltem Wasser auflösen. Die Mehlmischung hinzufügen und alles auf kleinster Stufe mit dem Knethaken zu einem groben Teig vermischen. Dann den Biga in kleinen Stücken zugeben und 6–8 Minuten langsam kneten. Je nach Konsistenz des Teiges noch etwas Wasser (etwa 10–20 ml) einarbeiten. Das Salz hinzufügen und 1–2 Minuten weiterkneten. Zum Schluss bei höherer Stufe das extra vergine Olivenöl in kleinen Portionen hinzufügen und den Teig 4–6 Minuten auskneten. Die Teigtemperatur sollte 22–24 °C betragen.

Für die Stockgare den Teig in die geölte Teigwanne geben und bei Zimmertemperatur 1 Stunde gehen lassen. Ist der Teig sehr weich, nach 30 Minuten und 1 Stunde je einmal dehnen und falten. Ist er eher fest und geschmeidig, einmal nach 1 Stunde dehnen und falten. Im Anschluss den Teig bei 4–5 ° 48–120 Stunden im Kühlschrank reifen lassen. Nach 24 Stunden einmal dehnen und falten.

Dann den Teig aus dem Kühlschrank nehmen und auf die mit Reismehl bestaubte Arbeitsfläche kippen. Mit einer Teigkarte in vier gleich große Stücke teilen. Diese locker oval formen und abgedeckt 2–3 Stunden entspannen lassen.

1 Stunde vor dem Einschießen den Backofen auf 250–280 °C Umluft vorheizen.

FÜR DEN BELAG

- 2 Kugeln Mozzarella (à 100 g)
- 1 kleiner Radicchio
- 2 Äpfel *(z. B. Rote Sternrenette)*
- 100 g Gorgonzola
- extra vergine Olivenöl zum Beträufeln
- 50 g Haselnussblättchen
- frisch gemahlener schwarzer Pfeffer (optional)

Den Mozzarella abtropfen lassen. Den Radicchio waschen und in Streifen schneiden. Die Äpfel ebenfalls waschen, das Kerngehäuse entfernen und die Äpfel in Spalten schneiden. Den Gorgonzola wenn möglich in Würfel schneiden, sollte er sehr weich sein, später einfach direkt auf die Pinsen löffeln.

Die Teiglinge nacheinander zu Pinsen formen, mit etwas extra vergine Olivenöl beträufeln und im heißen Ofen je 2–4 Minuten vorbacken. Anschließend auf ein Kuchengitter legen. Den Mozzarella zerzupfen und gleichmäßig auf den Teiglingen verteilen. Mit Radicchiostreifen, Apfelspalten und Gorgonzola belegen. Die Pinsen weitere 3–4 Minuten backen, dabei in der letzten Minute mit Haselnussblättchen bestreuen und diese noch kurz mit backen.

Die fertig gebackenen Pinsen aus dem Ofen nehmen und einen Moment auf das Kuchengitter legen. Dann die Pinsen in Stücke schneiden und sofort servieren. Wer mag träufelt noch ein bisschen Olivenöl darüber und rundet mit Pfeffer ab.

Apfel-Zwiebel-Kuchen

ZUTATEN

Für 1 Springform
(ø 24–26 cm)

FÜR DEN TEIG

- 200 g Weizenmehl Type 405 *plus mehr zum Arbeiten*
- ½ TL Backpulver
- Salz
- 125 g Butter *plus mehr für die Form*
- 80 g Doppelrahmfrischkäse

FÜR DIE FÜLLUNG

- 50 g Speck (optional)
- 500 g Zwiebeln
- 250 g saure Sahne
- 4 Eier
- 40 g Weizenmehl Type 405
- 2 Äpfel *(z. B. Paradies-Apfel)*
- 1 ¼ TL Kümmelsamen
- Salz

Für den Teig das Mehl mit dem Backpulver sowie 1 Prise Salz mischen und in eine Schüssel sieben. Die Butter würfeln und mit dem Frischkäse zugeben. Alles zu einem Teig verarbeiten. Diesen zu einer flachen Scheibe formen, in Wachstuch einschlagen und für mindestens 30 Minuten in den Kühlschrank legen.

Den Backofen auf 200 °C Ober-/Unterhitze vorheizen.

Für die Füllung, falls verwendet, den Speck in kleine Würfel schneiden und in einer großen Pfanne auslassen. Die Zwiebeln abziehen, in Ringe schneiden oder halbieren und in Streifen schneiden. In die Pfanne zum Speck, falls verwendet, hinzufügen und bei mittlerer Temperatur weich dünsten. Anschließend die Zwiebelmasse abkühlen lassen.

Die Springform fetten. Den Teig aus dem Kühlschrank nehmen und auf der leicht bemehlten Arbeitsfläche etwas größer als die Form ausrollen. Die Form mit dem Teig auskleiden und bis zur Verwendung in den Kühlschrank stellen.

Die saure Sahne und die Eier mit einem Schneebesen verrühren. Das Mehl daraufsieben und untermischen. Die Kümmelsamen im Mörser zerstoßen und mit etwas Salz zur Eimischung geben. Die Äpfel waschen, halbieren, das Kerngehäuse entfernen und die Äpfel in feine Scheiben hobeln. Die Zwiebelmasse und die Äpfel vorsichtig unter die Eimischung heben.

Die Füllung gleichmäßig in der Form verteilen. Den Apfel-Zwiebel-Kuchen im heißen Ofen 45–60 Minuten backen.

Den fertig gebackenen Kuchen aus der Form lösen und noch warm servieren. Dazu passt ein knackiger Blattsalat der Saison.

Apfel-Karotten-Caponata

Grünkohl-Chips | Rind

ZUTATEN
Für 4 Personen

FÜR DIE CHIPS
— 2 große Stängel Grünkohl
— 4 EL Rapsöl
— ½ TL geräuchertes Paprikapulver
— Chiliflakes, *Menge nach Belieben*
— frisch gemahlener schwarzer Pfeffer
— Salz

FÜR DIE CAPONATA
— 2 rote Zwiebeln
— 1–2 Knoblauchzehen
— 3 EL Olivenöl *plus mehr zum Beträufeln*
— 400 g Karotten
— 50 g Pinienkerne
— 50 g Rosinen
— Salz
— 2 Äpfel *(z. B. Cox Orange)*
— 2 EL flüssiger Honig
— 4 EL Apfelessig
— 1 frische Chilischote

Den Backofen auf 120 °C Umluft vorheizen.

Für die Chips den Grünkohl waschen und trockenschleudern. Die Blätter vom Strunk trennen und in mundgerechte Stücke zupfen. Das Rapsöl, die Gewürze und 1 Prise Salz In einer Schüssel zu einer Marinade mischen. Den Grünkohl zugeben und sorgfältig mischen. Dann den Grünkohl auf einem Backblech so verteilen, dass die Stücke sich nicht überlappen, und im heißen Ofen 30–40 Minuten backen, dabei immer wieder durchmischen und die Ofentür kurz öffnen, damit der Wasserdampf entweichen kann. Die Grünkohl-Chips während des Backvorgangs im Blick behalten, manche sind eventuell früher fertig als andere. Sobald die Chips schön knusprig sind, aus dem Ofen nehmen und abkühlen lassen.

Vier Teller auf einem Gitterrost in den ausgeschalteten Ofen stellen und vorwärmen.

Für die Caponata die Zwiebeln abziehen und je nach Größe so in Viertel oder Achtel schneiden, dass sie am Wurzelende noch zusammenhalten. Den Knoblauch abziehen und quer in dünne Scheiben schneiden. Eine große Pfanne erhitzen und das Olivenöl hineingeben. Die Zwiebeln und den Knoblauch darin bei mittlerer Temperatur anschwitzen, dabei ab und zu wenden.

AUSSERDEM

- 200 g Polenta (Maisgrieß)
- Butterschmalz *zum Braten*
- 4 Steaks vom Rind
- Meersalzflocken

Die Karotten waschen und je nach Größe der Länge nach halbieren oder vierteln. Zusammen mit der Chilischote, Pinienkernen, Rosinen und 1 Prise Salz in die Pfanne geben. Alles etwa 1 Stunde garen, die Karotten sollten noch Biss haben. Dabei ab und zu wenden und bei Bedarf etwas Wasser zugeben, damit nichts ansetzt. Die Äpfel waschen, das Kerngehäuse entfernen und die Äpfel in Spalten schneiden. 10 Minuten vor Ende der Garzeit zur Karottenmasse hinzufügen.

Sind die Karotten gar, zuletzt den Honig und den Essig darüberträufeln und alles noch einmal 5 Minuten garen. Die Karotten sollten von einer glänzenden Glasur überzogen sein.

Die Polenta nach Packungsangabe zubereiten.

Eine Grillpfanne (am besten aus Gusseisen) aufheizen. Etwas Butterschmalz hineingeben und die Steaks darin von beiden Seiten kurz anbraten.

Alles zusammen auf den vorgewärmten Tellern anrichten, das Fleisch mit Olivenöl beträufeln, mit einigen Meersalzflocken bestreuen und sofort servieren.

Huhn in Cidre

Apfel | Cranberry

ZUTATEN

Zutaten für 4 Personen

FÜR DAS HUHN

- 1 Huhn
- Salz
- frisch gemahlener schwarzer Pfeffer
- Olivenöl zum Braten
- 4 Äpfel *(z. B. Danziger Kant)*
- 2 Zwiebeln
- 8 Salbeiblätter
- 2 Lorbeerblätter
- 1 Zimtstange
- 500 ml Cidre
- 400 ml Hühnerbrühe
- 30 g Butter
- 1 ZL Zucker
- 60 g getrocknete Cranberrys

AUSSERDEM

- Baguette zum Servieren

Den Backofen auf 140 °C Umluft vorheizen.

Für das Huhn einen großen ofenfesten Schmortopf erhitzen. Das Huhn abspülen, trocken tupfen, innen und außen mit Salz und Pfeffer würzen. Etwas Öl in den Topf geben und das Huhn von allen Seiten darin braten, bis es goldbraun ist. Die Äpfel waschen, einen vom Kerngehäuse befreien und halbieren. Das Huhn damit füllen, aus dem Topf nehmen und beiseitestellen.

Die Zwiebeln abziehen und je nach Größe so vierteln oder achteln, dass sie am Wurzelende noch zusammenhalten. In den Schmortopf geben und 10 Minuten dünsten. Die Salbeiblätter waschen und trocken tupfen. Das angebratene Huhn mit der Brust nach oben in den Topf auf die Zwiebeln setzen. Salbei, Lorbeer und Zimt zugeben und mit dem Cidre ablöschen. Einige Minuten offen einkochen lassen. Dann die Brühe angießen und einmal aufkochen lassen. Den Deckel auf den Topf setzen und das Huhn im vorgeheizten Ofen 1 Stunde schmoren. Dann den Deckel abnehmen und die Backofentemperatur auf 200 °C erhöhen. Noch 10 Minuten weiterbraten, bis das Huhn schön braun und knusprig ist.

In der Zwischenzeit die restlichen Äpfel waschen, das Kerngehäuse entfernen und die Äpfel in Spalten schneiden. In einer Pfanne etwas Öl mit der Butter erhitzen und die Apfelspalten mit dem Zucker darin kurz karamellisieren. Die Pfanne vom Herd nehmen. Die Cranberrys und die Apfelspalten nach 30 Minuten Garzeit zum Huhn in den Topf geben.

Alles sofort mit frischem Baguette servieren.

Apfel Kartoffel Puffer

geräucherter Saibling | Remoulade

ZUTATEN

Für 12 Puffer

FÜR DIE REMOULADE

- 150 g Joghurt
- 150 g Mayonnaise
- Salz
- frisch gemahlener schwarzer Pfeffer
- 150 g Gewürzgurken
- 2 TL mittelscharfer Senf
- 2 Schalotten
- ½ Bund glatte Petersilie

FÜR DIE PUFFER

- 500 g vorwiegend festkochende Kartoffeln
- 250 Äpfel *(z. B. Wiltshire, Klarapfel)*
- 1 Zwiebel
- 1 Ei (Größe M)
- 2–3 EL Weizenvollkornmehl
- Salz
- frisch gemahlener schwarzer Pfeffer
- frisch gemahlene Muskatnuss
- Öl *zum Braten*

AUSSERDEM

- 4 geräucherte Saiblingfilets
- frisch gehackte Petersilie *zum Bestreuen*

Für die Remoulade Joghurt, Mayonnaise und Senf gründlich miteinander verrühren. Mit Salz und Pfeffer würzen. Die Gewürzgurken fein würfeln. Die Schalotten abziehen und ebenfalls fein würfeln. Die Petersilie waschen, trocken schütteln und fein hacken. Alles verrühren und die Remoulade bis zur Verwendung kühl stellen.

Für die Puffer die Kartoffeln schälen. Die Äpfel waschen. Die Zwiebel abziehen. Kartoffeln, Äpfel und Zwiebeln jeweils auf einer Vierkantreibe grob raspeln und dann gründlich miteinander vermischen. Die Masse in ein sauberes Küchentuch geben und gut ausdrücken. Danach die Masse mit dem Ei und dem Mehl in einer Schüssel vermengen. Zuletzt den Pufferteig mit Salz, Pfeffer und Muskat abschmecken.

Den Backofen auf 100 °C Ober-/Unterhitze einstellen und eine ofenfeste Platte zum späteren Warmhalten der Puffer hineinstellen. Wer mag, kann auch die Filets auf einer extra ofenfesten Platte im Ofen vorwärmen.

Jeweils etwas Öl in einer großen Pfanne erhitzen. Mit zwei Esslöffeln den Pufferteig portionsweise in die Pfanne geben, etwas flach drücken und bei mittlerer Temperatur von jeder Seite in etwa 5 Minuten goldbraun braten. Anschließend die Puffer kurz auf Küchenpapier abtropfen lassen, dann auf die Platte im Ofen legen und warm halten, bis alle Puffer gebacken sind.

Die Puffer mit den Fischfilets und etwas Remoulade anrichten und mit frischer Petersilie bestreut servieren.

Apfel-Kartoffel-Püree

Röstzwiebeln | Meerrettich

ZUTATEN

Für 4 Personen als Hauptgang oder 6 Personen als Beilage

- 1 kg mehlig kochende Kartoffeln
- Salz
- 1 Prise Kümmelsamen
- 8 Schalotten
- Speisestärke oder Mehl *zum Bestauben*
- Ghee zum Braten
- 200 ml Milch
- 20 g Butter
- frisch gemahlener schwarzer Pfeffer
- 1 Prise frisch gemahlene Muskatnuss
- 1 großer, roter, säuerlich würziger Apfel *(z. B. Gewürzluike)*
- 1 EL brauner Zucker
- 30–40 g frischer Meerrettich

Die Kartoffeln in einen Topf geben, mit kaltem Wasser bedecken und je 1 Prise Salz und Kümmel hinzufügen. Mit aufgesetztem Deckel zum Kochen bringen, dann die Temperatur reduzieren und die Kartoffeln in 20–30 Minuten weich kochen. Dabei nach 20 Minuten mit einem dünnen Messer ihren Gargrad prüfen. Sind sie weich, die Kartoffeln abgießen und kurz ausdampfen lassen.

Während die Kartoffeln garen, die Schalotten abziehen, in feine Ringe schneiden und mit etwas Speisestärke bestauben. Eine Pfanne erhitzen und etwas Ghee darin schmelzen. Die Schalottenringe hinzufügen, mit etwas Salz bestreuen und bei mittlerer Temperatur langsam goldbraun und knusprig braten. Danach auf einem Küchentuch abtropfen lassen und beiseitestellen.

Vier Teller und/oder eine Servierschale bei 80 °C Ober-/Unterhitze im Backofen warm stellen.

In einem kleinen Topf die Milch und die Butter erwärmen. Die kurz ausgedampften Kartoffeln schälen und in den größeren Topf zurücklegen. Mit einem Kartoffelstampfer unter Zugabe der warmen Milch-Butter-Mischung bis zur gewünschten Konsistenz zu einem Püree verarbeiten, es sollte schön cremig sein. Wer mag, lässt für mehr Struktur noch ein paar gröbere Stückchen in der Masse. Das Püree mit Salz, Pfeffer und 1 Prise Muskat abschmecken und abgedeckt warm stellen.

Den Apfel waschen, vom Kerngehäuse befreien und in feine Streifen (Julienne) schneiden. Eine Pfanne erhitzen, etwas Ghee darin erwärmen und die Apfelstreifen mit 1 Prise Salz und dem Zucker darin kurz karamellisieren. Den Meerrettich schälen und fein reiben. Gut die Hälfte der Meerrettichflocken mit den Apfelstreifen vorsichtig unter das Püree heben. Zuletzt das Apfel-Kartoffel-Püree mit Salz und einigen Meerrettichflocken abschmecken.

Das Apfel-Kartoffel-Püree auf die vorgewärmten Tellern verteilen oder in die Servierschale füllen. Mit den beiseitegestellten gerösteten Schalotten und den restlichen Meerrettichflocken bestreut sofort servieren.

Apfel-Kürbis-Lasagne

ZUTATEN
Für 1 Ofenform
(ca. 20 x 30 cm)

- 1 kg Hokkaido-Kürbis
- 1 Gemüsezwiebel
- 1 Knoblauchzehe
- 1 Stück Ingwer *(2 cm lang)*
- 2 EL Olivenöl
- 250 ml Gemüsebrühe
- ¼ TL gemahlener Kreuzkümmel
- 1 Prise frisch gemahlene Muskatnuss
- ¼ TL frisch gemahlener schwarzer Pfeffer
- 150 g Parmesan
- 1 Apfel *(z. B. Seester Müher Zitronenapfel)*
- Butter für die Form
- 250 g Lasagneblätter
- 4 EL Kürbiskerne

Den Backofen auf 200 °C Ober-Unterhitze vorheizen.

Den Kürbis waschen, halbieren und die Kerne mit einem Löffel entfernen. Die Hälfte des Kürbisses klein würfeln. Die Zwiebel und den Knoblauch abziehen. Den Ingwer schälen. Alle drei ebenfalls klein würfeln. Etwas Olivenöl in einer Pfanne erhitzen und Zwiebel, Knoblauch sowie Ingwer darin anschwitzen. Danach die Kürbiswürfel hinzufügen und kurz anbraten. Anschließend mit der Gemüsebrühe ablöschen und die Gewürze zugeben. So lange weiterköcheln lassen, bis der Kürbis weich ist. Zuletzt die Masse pürieren.

Den Parmesan reiben. Die zweite Kürbishälfte in feine Scheiben hobeln. Den Apfel waschen, das Kerngehäuse entfernen und den Apfel ebenso in feine Scheiben hobeln.

Die Ofenform mit Butter fetten. Dann wie folgt einschichten: Eine Schicht Kürbispüree hineingeben, eine Lage Lasagneblätter darauflegen, etwas Kürbispüree darauf verteilen, etwas Käse darüberstreuen, mit Kürbis- und Apfelscheiben belegen, wieder etwas Püree daraufgeben. So lange abwechselnd weiterschichten, bis die Zutaten aufgebraucht sind bzw. mit Kürbispüree abschließen und zuletzt mit Parmesan bestreuen.

Die Form in den heißen Ofen schieben und die Lasagne etwa 30 Minuten backen.

Die Kürbiskerne ohne Fett in einer Pfanne rösten, bis sie duften.

Die Lasagne aus dem Ofen nehmen, nach Belieben mit den Kürbiskernen bestreuen und servieren.

Frau Kaufmann

Egg, Vorarlberg

Seit 2010 betreibt Karin die Kochschule »Frau Kaufmann« in einem ehemaligen Gasthaus in Egg. Ihre Philosophie die Wertschätzung von Lebensmitteln zu erhöhen, gelang ihr nur durch intensive Zusammenarbeit mit regionalen Gemüsebauern und Lebensmittelproduzenten aus dem Bregenzer Wald. Es gelingt ihr dadurch die besonderen Geschmäcker der Region auf den Teller zu bringen und ist damit weit weg von einer alltäglichen Gasthausküche. Ihre Gabe traditionelle Gerichte neu zu erfinden oder durch ihre Art des Würzens zu verfeinern und gleichzeitig unterschiedlichste Menschen an einen Tisch zu bringen ist bemerkenswert.

Da es keine Gewürze in der Region zu beziehen gab, kreierte sie kurzerhand ihre eigenen Gewürzmischungen und bietet diese zwischenzeitlich in Handarbeit gefertigt in ihrem Shop an. Alles ist im Einklang in Karins Küche in Egg. Nicht zu wenig, nicht zu viel, im Kleinen wie im Großen. Ein feiner überschaubarer Gesellschaftsraum, Kultur pur.

Porträt

Karin Kaufmann

135

Sellerieschaumsuppe

mit Apfel-Kürbis-Pesto

ZUTATEN

Für 4 Personen

FÜR DIE SELLERIE-SCHAUMSUPPE

- ½ Zwiebel
- 350 g Knollensellerie
- 1 Kartoffel
- 2 EL Butter
- Salz
- 1 l Gemüsebrühe
- 50 g süße Sahne
- frisch gemahlener Pfeffer *nach Bedarf zum Fertigstellen*

FÜR DAS PESTO

- 1 kleiner Apfel
- 1 TL Zucker
- 1 EL frisch gehackter Thymian
- 100 g Butternusskürbis
- etwas »Rassiger Doppler« (Chilisalz)
- 1 TL Currypulver

Für die Sellerieschaumsuppe die Zwiebel abziehen und fein hacken. Den Sellerie schälen und würfeln. Die Kartoffel schälen und würfeln.

Die Butter aufschäumen lassen. Die Zwiebel zugeben, leicht salzen und mit den Selleriewürfeln leicht anschwitzen. Alles mit der Gemüsebrühe aufgießen. Die Kartoffel hinzufügen und weich dünsten.

Anschließend die Masse mit dem Pürierstab oder im Blender mit dem Rahm schaumig mixen.

Für das Pesto den Apfel waschen, das Kerngehäuse entfernen und den Apfel in kleine Würfel schneiden. Den Zucker in einer Pfanne karamellisieren. Die Apfelwürfel kurz darin anbraten. Dann mit dem Thymian bestreuen und die Masse in eine Schüssel geben.

Den Kürbis waschen, entkernen und in kleine Würfel schneiden. Die Würfel in derselben Pfanne anbraten, mit Rassigem Doppler und Curry abschmecken. Zuletzt mit den karamellisierten Apfelwürfeln vermischen.

Zum Fertigstellen die Suppe bei Bedarf kurz vor dem Servieren mit Pfeffer und Salz abschmecken und mit dem Apfel-Kürbis-Pesto toppen.

Käsknöpfle

ZUTATEN
Für 4 Personen

- 240 g würziger Bergkäse
- 600 g griffiges Spätzle-mehl oder Weizendunst
- 6 Eier
- Salz
- 125 g Butter
- 2 Gemüsezwiebeln

Den Bergkäse reiben und beiseitestellen.

Das Mehl mit den Eiern, 2 Prisen Salz und etwa 250 ml kaltem Wasser mit der Teigkarte zu einem »schlampigen« Teig verrühren. Bei Bedarf noch etwas mehr Wasser hinzufügen. Salzwasser in einem Topf zum Kochen bringen. Den Teig durch einen Spätzlehobel in das siedende Wasser schaben (knöpfeln) und die Spätzle darin garen, bis sie an die Oberfläche steigen.

Anschließend die Spätzle herausnehmen und schichtweise in eine vorgewärmte Schüssel geben, dabei jede Schicht jeweils mit Käse bestreuen. Den Vorgang so lange wiederholen, bis Spätzle und Käse verbraucht sind.

Die Butter in einer Pfanne erhitzen, die Zwiebeln zugeben und langsam bräunen. Die Spätzle mit den Zwiebeln bestreuen und servieren.

Apfelmus

ZUTATEN

Für 4 Personen

- 4 säuerliche Äpfel
- 1 Bio-Zitrone
- 1 Bio-Orange
- 1 cm frischer Ingwer
- 1 Sternanis
- 2 Gewürznelken
- 7 EL Zucker *plus mehr nach Bedarf*
- 1 TL gemahlener Zimt

Die Äpfel waschen, die Kerngehäuse herausschneiden und die Äpfel vierteln.

Den Ingwer schälen und in feine Scheiben schneiden. Die Zitrone und die Orange heiß waschen, mit einem Sparschäler jeweils ein Stück Schale abnehmen, diese zusammen mit dem Ingwer, Sternanis und Gewürznelken in eine Gewürzkugel oder einen Teebeutel geben.

Die Apfelviertel mit 5 EL Wasser, dem Zucker, dem Zimt und der Gewürzkugel kurz aufkochen. Dann mit aufgesetztem Deckel bei niedriger Temperatur weich kochen.

Anschließend die Gewürzkugel entfernen. Die Äpfel abgießen, dabei den Kochsud auffangen, und im Mixer oder mit dem Pürierstab nach Geschmack mehr oder weniger pürieren. Bei Bedarf noch etwas von dem aufgefangenen Sud und Zucker zugeben.

Zuletzt das Apfelmus nach Belieben mit Zimtzucker bestreuen und zu den Käsknöpfle servieren.

TIPP

Das Apfelmus einmachen: Dazu das Mus in Gläser füllen. Im Dampfgarer bei 80 °C, 100 Prozent Feuchtigkeit 25 Minuten einwecken.

Scheiterhaufen

ZUTATEN

Für 6 Personen

- Butter für die Form
- 250 g Butterzopf
- 1 Bio-Zitrone
- 2 Eier
- 1 Eigelb
- Salz
- 100 g Zucker
- 150 ml Milch
- 150 g süße Sahne
- 350 g Äpfel
- ½ TL gemahlener Zimt
- 1 Handvoll gehackte Walnusskerne
- 1 Eiweiß

Sechs ofenfeste Förmchen mit Butter fetten. Den Butterzopf in Scheiben schneiden. Den Backofen auf 180 °C (Ober-/Unterhitze) vorheizen.

Die Zitrone heiß waschen, trocknen, die Schale fein abreiben und den Saft auspressen.

Ein Ei trennen, das Eiweiß in einen hohen Rührbecher geben und beiseitestellen. Das restliche Ei und die beiden Eigelbe, 1 Prise Salz, 50 g Zucker und 2 TL Zitronenschalenabrieb gründlich verrühren. Milch und Sahne untermischen. Eine Schicht Zopfscheiben in die Formen geben und mit einem Teil der Ei-Milch-Masse bedecken.

Die Äpfel waschen und das Kerngehäuse entfernen. Die Äpfel grob hobeln und mit Zitronensaft beträufeln, mit 10 g Zucker und Zimt bestreuen und durchmischen. Die Hälfte der Apfelscheiben ebenfalls in die Formen geben. Erneut eine Schicht Zopfscheiben darauflegen, etwas Ei-Milch-Masse darübergeben, die restlichen Äpfel darüberschichten und mit der restlichen Ei-Milch-Masse übergießen.

Die Scheiterhaufen im heißen Backofen 15–20 Minuten backen.

Anschließend das Eiweiß mit 40 g Zucker aufschlagen. Die Walnüsse unterheben und die Mischung auf den Formen verteilen und diese zurück in den Ofen stellen. Backen, bis die Oberfläche schön gebräunt ist und sofort servieren.

Apfelkuchen mit Toffee

ZUTATEN
Für 1 Tarteform *(ø 26 cm)*

FÜR DEN APFELKUCHEN
- 175 g Weizenmehl Type 405 *plus etwas mehr für die Arbeitsfläche*
- Salz
- 125 g kalte Butter
- 1 Eigelb
- 3 EL Orangenlikör
- 40 g geschälte geröstete Haselnusskerne
- 3–4 mittelgroße säuerliche knackige Äpfel

FÜR DIE TOFFEE-CREME
- 100 g Zucker
- 100 g Butter
- 180 g süße Sahne

Für den Apfelkuchen das Mehl und 1 Prise Salz vermischen. Die Butter in kleine Würfel schneiden. Mit dem Eigelb, 1 Prise Salz und dem Orangenlikör zur Mehlmischung geben. Alles so lange in der Küchenmaschine kneten, bis ein fester Teig entsteht. Den Teig zu einer Kugel formen, in Frischhaltefolie wickeln und etwa 1 Stunde im Kühlschrank ruhen lassen.

Den Teig auf einer mit Mehl bestaubten Silikonbackmatte ausrollen, dann in die mit Backpapier ausgekleidete Tarteform einpassen. Die Nüsse grob hacken. Die Äpfel waschen, das Kerngehäuse entfernen und die Äpfel in Spalten schneiden. Den Teig mit den Nüssen bestreuen und dann mit den Apfelspalten belegen.

Für die Toffee-Creme den Zucker mit der Butter karamellisieren. Rahm aufgießen und alles in etwa 8 Minuten zu einer cremigen Masse köcheln lassen.

Die Toffee-Creme über die Apfelspalten in der Form gießen. Den Kuchen im Backofen bei 200 °C (Ober-/Unterhitze) 30–35 Minuten backen.

Anschließend den Kuchen etwa 2 Stunden abkühlen lassen und dann servieren.

GEBÄCK

Gebäck

147

Apfel-Walnuss-Kuchen

ZUTATEN

Für 1 Springform *(ø 24 cm)*

- 130 g Butter *plus mehr für die Form*
- 2 Eier
- 150 g Honig
- 150 g Weizenvollkorn-mehl
- 1 TL Backpulver
- 500 g Äpfel (*z. B Zabergäurenette*)
- 1 EL Milch
- 75 g Walnusskerne
- 1 Prise gemahlener Zimt
- Puderzucker *zum Bestaubem*

1 Stunde vor der Teigzubereitung die Butter in kleine Würfel schneiden und bei Zimmertemperatur weich werden lassen. Die Eier Zimmertemperatur annehmen lassen.

Dann die Form fetten. 100 g weiche Butter cremig rühren. 120 g Honig zugeben und beides zu einer homogenen Creme aufschlagen. Danach die Eier einzeln unterrühren. Das Mehl und das Backpulver mit einem Schneebesen gründlich mischen, anschließend zügig unter die Butter-Honig-Eier-Masse rühren. Den Teig in die Form füllen.

Den Backofen auf 180 °C vorheizen.

Die Äpfel schälen, achteln und vom Kerngehäuse befreien. Die Spalten mit der runden Seite nach oben kreisförmig auf dem Teig verteilen und leicht andrücken.

Die restliche Butter (30 g) mit dem übrigen Honig (30 g), der Milch, den Walnüssen und dem Zimt in einen kleinen Topf geben. Unter Rühren etwa 5 Minuten köcheln lassen. Zuletzt die Mischung über den Äpfeln auf dem Teig verteilen.

Den Kuchen im heißen Ofen etwa 40 Minuten backen. Anschließend kurz abkühlen lassen, dann aus der Form lösen und auf einem Kuchengitter vollständig abkühlen lassen.

Den Kuchen mit Puderzucker bestauben und servieren, dazu passt frisch geschlagene Sahne.

Apfel-Kakao-Kuchen

ZUTATEN

Für 1 Springform *(ø 24 cm)*

- 120 g Butter *plus mehr für die Form*
- 2 Eier
- 200 g süße Sahne
- 50 g Zucker
- 35 g Kakaopulver
- 100 g Zucker
- 100 g Weizenmehl *Type 405*
- 100 g gemahlene Mandelkerne
- 2 TL Reinweinstein-Backpulver
- 3 Äpfel *(z. B. Boskoop oder Zabergäurenette)*
- ¼ TL gemahlener Zimt
- 1 Prise gemahlene Tonkabohne
- 2 EL Mandelblättchen (optional)
- 4 EL Apfelgelee

1 Stunde vor der Zubereitung die Butter klein würfeln und bei Zimmertemperatur weich werden lassen. Die Eier Zimmertemperatur annehmen lassen.

Dann Sahne, Zucker und Kakao in einem kleinen Topf unter Rühren aufkochen. Den Topf von der Platte nehmen und die Mischung abkühlen lassen.

Den Backofen auf 180 °C Ober-/Unterhitze vorheizen.

Die weiche Butter mit dem Zucker mit dem Handrührer oder der Küchenmaschine (Flachschläger) hell und luftig aufschlagen. Danach die Eier einzeln unterrühren. Anschließend die Kakao-Sahne hinzufügen. Alles kurz, aber gründlich vermengen. Das Mehl, die Mandeln und das Backpulver mit einem Schneebesen vermischen. Dann die Mischung unter die Butter-Ei-Sahne-Masse rühren, bis ein Teig entsteht.

Die Äpfel schälen, das Kerngehäuse entfernen und die Äpfel quer in Scheiben schneiden oder hobeln. Die Springform mit Butter fetten und den Boden optional mit Mandelblättchen bestreuen. Ein Drittel des Teiges gleichmäßig in der Form verteilen und mit einer Schicht Apfelscheiben belegen. Diesen Vorgang zweimal wiederholen und mit Apfelscheiben abschließen.

Den Kuchen im heißen Ofen etwa 45 Minuten backen. Um den Gargrad zu prüfen, eine Stäbchenprobe machen, hierfür einen Holzspieß oder Zahnstocher in die Mitte des Kuchens stechen. Klebt nach dem Herausziehen kein Teig mehr daran, ist der Kuchen fertig. Kurz vor Ende der Backzeit 2 EL Wasser mit dem Apfelgelee in einem kleinen Topf erhitzen.

Den fertig gebackenen Kuchen aus dem Ofen nehmen und einige Minuten abkühlen lassen. Dann aus der Form nehmen, auf ein Abkühlgitter setzen und noch warm mit dem flüssigen Gelee bestreichen.

Den Kuchen vollständig abkühlen lassen und servieren. Dazu passt geschlagene Sahne.

Gugelhupf

Apfel | Banane

ZUTATEN

Für 1 Gugelhupfform

- 125 g Butter
- 2 Eier
- 70 g Haselnusskerne
- 140 g Zucker
- 2 reife Bananen
- 1 Apfel *(z. B. Kaiser Wilhelm)*
- 250 g Weizenmehl Type 405
- 2 TL Reinweinstein-Backpulver
- 90 g Schokolade (70 % Kakaogehalt)
- Fett für die Form
- Semmelbrösel *für die Form*
- Puderzucker *zum Bestauben*
- 1 TL Vanilleextrakt *(optional)*
- 1 Prise Salz

1 Stunde vor der Zubereitung die Butter klein würfeln und bei Zimmertemperatur weich werden lassen. Die Eier Zimmertemperatur annehmen lassen.

Dann den Backofen auf 160 °C Ober-/Unterhitze vorheizen. Sobald der Ofen die Temperatur erreicht hat, die Haselnüsse darin etwa 10 Minuten rösten. Lösen sich die Häutchen und fangen die Nüsse an zu duften, die Nüsse herausnehmen und abkühlen lassen.

Die weiche Butter mit dem Zucker mit dem Handrührer oder der Küchenmaschine (Flachschläger) hell und luftig aufschlagen. Danach die Eier einzeln unterrühren. Die Bananen schälen und mit einer Gabel zu Mus zerdrücken. Den Apfel waschen und grob raspeln. Beides mit dem Vanilleextrakt und 1 Prise Salz unter die Butter-Zucker-Eier-Masse rühren.

Das Mehl und das Backpulver mit einem Schneebesen vermischen. Anschließend die Mischung kurz, aber gründlich unter die Masse aus den feuchten Zutaten rühren und zu einem Teig vermengen.

Die abgekühlten Haselnüsse von den Häutchen befreien und grob hacken. Die Schokolade ebenfalls hacken. Beides unter den Teig heben.

Die Form fetten und mit Semmelbröseln ausstreuen. Den Teig gleichmäßig einfüllen und glatt streichen. Den Kuchen im heißen Ofen etwa 55 Minuten backen. Um den Gargrad zu prüfen, eine Stäbchenprobe machen, hierfür einen Holzspieß oder Zahnstocher in die Mitte des Kuchens stechen. Klebt nach dem Herausziehen kein Teig mehr daran, ist der Kuchen fertig.

Den fertig gebackenen Kuchen aus dem Ofen nehmen und einige Minuten abkühlen lassen. Dann aus der Form auf ein Kuchengitter stürzen und vollständig abkühlen lassen.

Den Kuchen mit Puderzucker bestaubt servieren.

Apfel-Käsekuchen

ZUTATEN

Für 1 Springform (ø 24 cm)

FÜR DIE FÜLLUNG

- 50 g Butter
- 2 Eier
- 1 unbehandelte Zitrone
- 1–2 Äpfel *(z. B. Roter Boskoop)*
- 110 g Zucker
- 500 g Quark
- 200 g saure Sahne
- 25 g Speisestärke
- Salz

FÜR DEN TEIG

- 1 Ei
- 100 g kalte Butter plus mehr für die Form
- 200 g Weizenmehl Type 405
- 70 g Zucker

Für die Füllung die Butter rechtzeitig weich werden lassen und die Eier Zimmertemperatur annehmen lassen.

Für den Teig das Ei trennen. Das Eiweiß in einen hohen Rührbecher geben und für die Füllung beiseitestellen. Die Butter würfeln und mit Mehl, Zucker und Eigelb zügig zu einem Mürbeteig verarbeiten. Den Teig zu einer flachen Scheibe formen und in ein Wachstuch wickeln. Mindestens 30 Minuten kühl stellen.

Für die Streusel die Butter würfeln und mit Mehl, Mandeln, Zucker, Zimt und 1 Prise Salz schnell zu Streuseln verarbeiten. Die Streusel ebenfalls kühl stellen.

Die Zitrone heiß waschen, trocken reiben, die Schale fein abreiben und den Saft auspressen. Die Äpfel schälen, in kleine Würfel schneiden und dabei das Kerngehäuse entfernen. Die Apfelwürfel mit 3 EL Zitronensaft mischen.

Die Springform fetten. Den Mürbeteig ausrollen und die Form damit auskleiden. Den Teigboden mit einer Gabel mehrmals einstechen und die Form mit dem Teig in den Kühlschrank stellen.

Den Backofen auf 175 °C (Ober-/Unterhitze) vorheizen.

Die Eier trennen und das Eiweiß mit zu dem anderen beiseitegestellten in den Rührbecher geben. Die weiche Butter mit dem Zucker cremig weiß aufschlagen. Das Eigelb nach und nach unterrühren. Dann den Quark und die saure Sahne einrühren.

FÜR DIE STREUSEL

- 50 g kalte Butter
- 50 g Weizenmehl Type 405
- 50 g gemahlene Mandelkerne
- 50 g Zucker
- ¼ TL gemahlener Zimt
- Salz

Das Puddingpulver auf die Masse sieben und 2 TL Zitronenabrieb hinzufügen. Beides unter die Masse rühren. Das Eiweiß mit 1 Prise Salz nicht zu steif zu Schnee schlagen. Danach den Eischnee und zuletzt die Apfelwürfel unter die Masse heben.

Die Füllung in die Springform geben, glatt streichen und die Streusel darüber verteilen. Den Kuchen im heißen Ofen etwa 1 Stunde backen. Anschließend die Ofentür einen Spalt öffnen und den Kuchen erst im Ofen leicht abkühlen lassen. Dann herausnehmen und aus der Form lösen.

Den Kuchen vor dem Servieren auf einem Kuchengitter vollständig abkühlen lassen.

Clafoutis

ZUTATEN

Für 1 Auflaufform
(ca. 20 x 30 cm)

FÜR DIE FÜLLUNG

- 4 Äpfel *(z. B. Jonagold oder Boskoop)*
- 1 EL Ghee
- 20 g Zucker
- 1 EL Rumrosinen *oder eingeweichte Cranberrys*
- 1 Prise gemahlener Zimt

FÜR DEN TEIG

- 3 Eier
- Salz
- 40 g Zucker
- 125 ml Milch *oder pflanzliche Alternative*
- 100 g süße Sahne
- 1 unbehandelte Zitrone
- 125 g Dinkelmehl *Type 630* oder Weizenmehl *Type 405*
- 40 g gehobelte Mandelkerne

AUSSDERDEM

- Butter für die Form
- Puderzucker zum Bestauben

Den Backofen auf 200 °C Ober-/Unterhitze vorheizen. Die Auflaufform mit Butter fetten.

Für die Füllung die Äpfel schälen, das Kerngehäuse entfernen und die Äpfel in mundgerechte Stücke schneiden. Eine Pfanne erhitzen und das Ghee darin schmelzen. Die Apfelstücke zugeben, ab und zu schwenken und 4–5 Minuten braten. Dann den Zucker hinzufügen und die Äpfel 2–3 Minuten karamellisieren. Anschließend den Großteil der Apfelstücke in der Auflaufform verteilen, den Rest beiseitestellen. Mit den Rumrosinen bestreuen und 1 Prise Zimt darüberstauben.

Für den Teig die Eier trennen. Das Eiweiß in einem hohen Rührbecher mit 1 Prise Salz steif schlagen und währenddessen den Zucker einrieseln lassen. Das Eigelb mit der Milch und der Sahne in einer Schüssel verrühren. Die Zitrone heiß waschen, trocken reiben und die Schale abreiben. Das Mehl sieben. Den Zitronenabrieb und das Mehl zur Eigelb-Milch-Sahne-Masse geben und kurz glatt rühren. Zuletzt den Eischnee unterheben.

Den Teig über die Füllung in der Form geben. Die restlichen Apfelstücke und die gehobelten Mandeln darauf verteilen. Den Clafoutis im heißen Ofen 25–30 Minuten backen.

Anschließend den Clafoutis lauwarm abkühlen lassen, mit etwas Puderzucker bestauben und am besten noch lauwarm servieren. Dazu passt ein leckeres Vanilleeis, -sauce oder ein Klecks geschlagene Sahne.

Galette

Apfel | Mandel | Vanilleeis

ZUTATEN

Für 1 Galette

FÜR DEN TEIG

- 200 g Weizenmehl *Type 405*
- 50 g Zucker
- 100 g kalte Butter

FÜR DIE FÜLLUNG

- 1 Zitrone
- 2–3 Äpfel *(z. B. Boskop)*
- 4 EL Zucker
- ½ TL gemahlener Zimt
- 2 EL Mandelblättchen

AUSSERDEM

- Puderzucker *zum Bestauben (optional)*

Für den Teig Mehl, Zucker, Butter und 2–3 EL kaltes Wasser zügig zu einem homogenen Teig verarbeiten. Den Teig zu einer flachen Scheibe formen, in ein Wachstuch einschlagen und für mindestens 1 Stunde in den Kühlschrank legen.

Für die Füllung die Zitrone auspressen. Die Äpfel schälen, halbieren, das Kerngehäuse entfernen und die Äpfel in feine Scheiben schneiden. In eine Schüssel geben und mit dem Zitronensaft beträufeln.

Den Teig dünn ausrollen und auf ein mit Backpapier belegtes Blech legen. Die Apfelscheiben fächerförmig auf dem Teig verteilen, dabei einen 2–3 cm breiten Rand frei lassen. Die Äpfel mit dem Zucker, dem Zimt und den Mandelblättchen bestreuen. Den Rand zur Mitte hin über die Äpfel klappen und etwas festdrücken.

Die Galette für 30 Minuten in den Kühlschrank stellen. Währenddessen den Backofen auf 200 °C Ober-/Unterhitze vorheizen.

Die Galette aus dem Kühlschrank nehmen und im heißen Ofen etwa 30 Minuten backen. Ist sie goldbraun und knusprig, die Galette auf ein Kuchengitter schieben und kurz abkühlen lassen. Dann den Rand optional mit etwas Puderzucker bestauben.

Die Galette noch lauwarm servieren, dazu passen Vanilleeis, -sauce oder geschlagene Sahne.

Apfel-Crumble

ZUTATEN
Für 1 Ofenform
(ca. 20 x 30 cm)

FÜR DEN TEIG
- 75 g Butter *plus mehr für die Form*
- 70 g Mandelkerne
- 30 g Kürbiskerne
- 30 g zarte Haferflocken
- 70 g Weizenmehl *Type 405*
- 60 g Zucker
- ¼ TL gemahlener Zimt
- 1 Prise gemahlene Tonkabohne
- Salz

FÜR DIE FÜLLUNG
- 4 Äpfel *(z. B. Roter Boskop)*
- ½ unbehandelte Zitrone
- 1 EL Zucker
- 1 EL Rumrosinen (optional)

Den Backofen auf 180 °C Ober-/Unterhitze vorheizen. Die Ofenform mit Butter fetten.

Für den Teig die Butter schmelzen und etwas abkühlen lassen. Die Mandeln grob hacken und mit Kürbiskernen, Haferflocken, Mehl, Zucker, Zimt, Tonkabohne, 1 Prise Salz und der geschmolzenen Butter zu einer Streuselteigmasse verarbeiten.

Für die Füllung die Äpfel waschen, das Kerngehäuse entfernen und die Äpfel in Spalten oder Würfel schneiden. Die Zitrone heiß waschen, trocken reiben, die Schale fein abreiben und den Saft auspressen. Den Saft und den Abrieb mit den Äpfeln, dem Zucker und optional den Rumrosinen mischen.

Die Füllung in der gefetteten Form verteilen. Dann die Streuselteigmasse darüberstreuen. Den Crumble im heißen Ofen etwa 20–30 Minuten backen.

Anschließend den Crumble herausnehmen und sofort servieren. Dazu passen Vanilleeis, -sauce oder geschlagene Sahne ganz hervorragend.

Scones

ZUTATEN

Für ca. 12 Stück

- 675 g Weizenmehl Type 405 *plus mehr zum Arbeiten*
- 21 g Reinweinstein-Backpulver
- 175 g kalte Butter
- 1 Apfel *(z. B. Boskoop oder Renette)*
- 100 g Honig
- 1 Ei
- 150 ml Milch *plus mehr nach Bedarf*

TIPP

Ist kein Ausstecher zur Hand, kann man den Teig auch mit einem Messer portionieren. Hierzu die Teigmenge in drei gleich große Kugeln teilen, diese etwa 3 cm flach ausrollen und mit dem Messer jeweils in vier Dreiecke schneiden. Dann wie oben beschrieben fortfahren.

Den Backofen auf 160 °C Umluft vorheizen. Ein Blech mit Backfolie auslegen.

Das Mehl und das Backpulver in einer Schüssel mit einem Schneebesen gründlich mischen. Die Butter würfeln und mit der Mehlmasse mischen, bis ein krümeliger Teig entstanden ist.

Den Apfel waschen und grob raspeln. In der Mitte des Teiges eine Mulde formen, 75 g Honig und den geriebenen Apfel hineingeben. Das Ei und 100 ml Milch hinzufügen und alles zu einem weichen geschmeidigen Teig vermengen. Fühlt der Teig sich zu trocken an, etwas Milch zugeben.

Die Arbeitsfläche mit Mehl bestauben und den Teig darauf etwa 3 cm dick ausrollen. Mit einem runden Ausstecher (Durchmesser 7 cm) daraus Kreise ausstechen und diese mit etwas Abstand zueinander auf das vorbereitete Blech legen. Teigreste immer wieder zusammenkneten und den Vorgang wiederholen, bis der Teig aufgebraucht ist.

Die Scones mit der restlichen Milch bepinseln und im heißen Ofen 10–15 Minuten backen, bis sie aufgegangen und goldbraun sind.

Anschließend die Scones aus dem Ofen nehmen und noch heiß mit dem restlichen Honig (25 g) bepinseln.

Die Scones leicht abkühlen lassen und lauwarm servieren. Dazu passen Butter und Apfelgelee oder -konfitüre.

Apfelbällchen

ZUTATEN

Für ca. 16 Stück

- 250 g Quark
- 125 ml Rapsöl
- 140 g Zucker
- 375 g Weizenmehl Type 405
- 14 g Reinweinstein-Backpulver
- 3 mittelgroße Äpfel *(z. B. Boskoop)*
- 4 EL Zucker
- ½ TL gemahlener Zimt

Den Backofen auf 180 °C Umluft vorheizen. Ein Blech mit Backpapier auslegen.

Quark, Öl und Zucker in einer Rührschüssel verquirlen. Das Mehl und das Backpulver in einer zweiten Schüssel mit einem Schneebesen gründlich mischen, dann unter die Quarkmasse heben und alles zu einem Teig verarbeiten.

Die Äpfel schälen, das Kerngehäuse entfernen und die Äpfel in kleine Würfel schneiden. Dann die Würfel in den Teig einarbeiten.

Aus dem fertigen Teig kleine etwa golfballgroße Kugeln formen, diese auf das Blech setzten und leicht platt drücken. Die Bällchen im heißen Ofen schieben 20–25 Minuten backen.

Anschließend den Zucker mit dem Zimt vermischen. Die fertigen Bällchen aus dem Ofen nehmen und sofort im Zimtzucker wälzen. Bleibt er nicht kleben, einfach ein sauberes Küchentuch nass machen, die Bällchen etwas befeuchten und danach nochmals im Zimtzucker wälzen.

Die Apfelbällchen auf ein Kuchengitter legen, am besten nur ein wenig abkühlen lassen und dann noch warm servieren.

TIPP

Der Zucker kann nach Belieben auch mit anderen Gewürzen wie zum Beispiel gemahlenem Kardamom oder gemahlener Tonkabohne aromatisiert werden. Außerdem machen sich ein paar getrocknete essbare Blütenblättchen im Zucker sehr gut.

Apfel-Zimt-Knoten

ZUTATEN
Für 16 Stück

FÜR DEN TEIG
- 80 g Butter
- 1 Ei (Größe L)
- 220 ml Haferdrink
- 500 g Weizenmehl Type 550 *plus mehr zum Arbeiten*
- 20 g frische Hefe
- 60 g Zucker

FÜR DIE FÜLLUNG
- 40 g Butter
- 60 g Zucker
- 1–2 TL gemahlener Zimt
- 1 Apfel *(z. B. Goldparmäne, Jakob Lebel oder Schöner aus Wiltshire)*

1 Stunde vor der Zubereitung des Teiges die gesamte Buttermenge (für den Teig plus für die Füllung) in kleine Stücke schneiden und weich werden lassen. Für den Teig das Ei Zimmertemperatur annehmen lassen.

Dann für den Teig den Haferdrink auf 30–35 °C erwärmen. Das Mehl in eine Schüssel sieben, in die Mitte eine Mulde drücken und die Hefe hineinkrümeln. Die Hefe mit dem Haferdrink und etwas Mehl vom Rand zu einem kleinen Vorteig verrühren. Die Schüssel abdecken und den Vorteig an einem warmen Ort 15 Minuten gehen lassen.

Das Ei verquirlen und etwa 2 EL davon kalt stellen. Die Butter, 50 g Zucker und das restliche Ei zur Vorteig-Mehl-Masse in die Schüssel geben und alles zu einem glatten Teig verarbeiten. Den Teig erneut abdecken und bis zur Verdopplung seines Volumens etwa 30 Minuten gehen lassen. Die Gehzeit hängt auch von der Zimmertemperatur ab, an einem warmen Sommertag geht es viel schneller als im Winter.

Den Backofen auf 180 °C Umluft vorheizen.

Den Teig aus der Schüssel nehmen und kurz durchkneten. Die Arbeitsfläche leicht bemehlen und den Teig darauf zu einem Rechteck (etwa 40 x 50 cm) ausrollen. Zieht er sich immer wieder zusammen, braucht er etwas (mehr) Ruhe, dann einfach abdecken und 10 Minuten Pause machen. Danach hat er sich entspannt und kann besser ausgerollt werden.
Zwei Backbleche mit Dauerbackfolie belegen.

Für die Füllung die weiche Butter mit Zucker und Zimt zu einer Paste mischen und diese auf dem Teig verstreichen. Den Apfel waschen, das Kerngehäuse entfernen und den Apfel klein würfeln. Die Würfelchen auf der Paste verteilen. Dann den Teig von der langen Seite oben ein Drittel über die Mitte schlagen. Das untere Drittel ebenfalls darüberschlagen, sodass ein schmaler Teigstreifen mit drei Lagen entsteht. Diesen in 16 Streifen schneiden. Jeden Streifen in sich verdrehen, ähnlich einer Kordel, und einmal verknoten.

Apfelstückchen, die herausfallen, einfach wieder in den Teigknoten stecken. Die Knoten mit etwas Abstand zueinander auf die vorbereiteten Bleche setzen und abgedeckt weitere 10 Minuten ruhen lassen.

Anschließend die Knoten mit dem restlichen verquirlten Ei bestreichen und im heißen Ofen etwa 15–20 Minuten backen.

Die Apfel-Zimt-Knoten auf ein Kuchengitter legen, etwas abkühlen lassen und lauwarm servieren.

Apfelbrot

ZUTATEN

Für 1 Kastenform
(30 x 10 cm)

FÜR DIE APFELMASSE

- 5 Äpfel *(ca. 750 g, z. B. Roter Boskoop, Zabergäurenette, Berlepsch, Goldrenette, Brettacher)*
- 1 Orange
- 2 EL Zitronensaft
- 200 g Rohrohrzucker

FÜR DEN HAUPTTEIG

- 200 g Mandeln
- 500 g Weizenmehl Type 550
- 1,5 Pck. Reinweinstein-Backpulver
- Salz
- 1 EL Kakaopulver
- ½ TL gemahlener Zimt
- 1 Prise gemahlene Tonkabohne
- 1 Prise gemahlener Kardamom
- 2–3 EL Apfelsaft nach Bedarf
- Fett für die Form

Für die Apfelmasse am Vorabend die Äpfel waschen, entkernen, ungeschält in Würfel von 2 cm Kantenlänge schneiden und in eine Schüssel geben. Die Orange auspressen und mit dem Zitronensaft und dem Zucker zu den Apfelwürfeln geben. Die Masse abdecken und über Nacht durchziehen lassen.

Am nächsten Tag den Backofen auf 190 °C (Ober-/Unterhitze) vorheizen.

Für den Hauptteig die Mandeln auf ein Blech geben und im heißen Ofen rösten. Anschließend abkühlen lassen und beiseitestellen.

Mehl, Backpulver, 1 Prise Salz, Kakao und Gewürze mit einem Schneebesen mischen. Zur Apfelmasse geben und alles zu einem Teig verarbeiten.

Die beiseitegestellten Mandeln unter den Teig heben. Ist der Teig zu fest, etwas Apfelsaft zugeben.

Die Kastenform fetten und den Teig hineinfüllen. Das Brot im vorgeheizten Backofen etwa 1 Stunde backen.

Anschließend das Apfelbrot auf ein Kuchengitter geben und vor dem Servieren abkühlen lassen.

TIPP

Wer mag, kann bei der Zubereitung der Apfelmasse noch Trockenobst wie zum Beispiel Aprikosen, Feigen, Rosinen oder Cranberries hinzufügen. Größere Früchte in kleine Würfel schneiden und mit den Äpfeln über Nacht ziehen lassen. Die Mandeln können durch Hasel- oder Walnüsse ersetzt werden.

Apfelplätzchen

ZUTATEN
Für 1 Blech

FÜR DEN TEIG
- 250 g Weizenmehl Type 405 *plus mehr zum Arbeiten*
- 50 g gemahlene Mandelkerne
- 2 TL Reinweinstein-Backpulver
- ¼ TL gemahlener Zimt
- Salz
- 80 g Zucker
- 1 Ei
- 200 g kalte Butter

AUSSERDEM
- 200 g Apfelkonfitüre (Rezept siehe Seite 220)
- 50 g Apfelgelee
- 100 g Mandelblättchen

Für den Teig Mehl, Mandeln, Backpulver, Zimt und 1 Prise Salz in die Rührschüssel der Küchenmaschine geben und mit einem Schneebesen gründlich mischen. In die Mitte der Mischung eine Mulde drücken und den Zucker sowie das Ei hineingeben. Die Butter in kleine Stücke schneiden und diese rundum auf dem Mehl verteilen. Alles mit dem Flachschläger erst langsam, dann etwas schneller und nicht zu lange zu einem homogenen Teig verarbeiten. Den Teig aus der Schüssel nehmen, in zwei Portionen teilen, diese jeweils zu flachen Rechtecken formen, in Wachstücher einschlagen und mindestens 2 Stunden kühl stellen.

Anschließend die beiden Teigportionen herausnehmen und auf der leicht bemehlten Arbeitsfläche jeweils zu einem Rechteck von etwa 20 x 30 cm 3–5 mm dünn ausrollen. Ein Backblech mit Dauerbackfolie auslegen und eine der Teigplatten darauflegen. Die Platte mit der Apfelkonfitüre bestreichen und dann mit der zweiten Teigplatte belegen. Den Teigling auf ein Brett ziehen, abdecken und für 1 Stunde in den Kühlschrank stellen oder für etwa 30 Minuten ins Tiefkühlfach oder in den Tiefkühler.

Danach den gut gekühlten Teig mit einem Messer oder Pizzaroller diagonal erst in Streifen und dann gegenläufig in Rauten schneiden. Dabei vorsichtig sein, dass nur der Teig geschnitten wird und nicht die Backfolie. Die Backfolie samt Rauten auf ein Blech ziehen und so auf dem Blech verteilen, dass sie sich nicht berühren.

Das Apfelgelee erwärmen und glatt rühren. Die Rauten damit bestreichen und mit den Mandelblättchen bestreuen. Die Rauten noch einmal 30 Minuten im Kühlschrank oder 15 Minuten im Tiefkühlfach/Tiefkühler kühlen.

Anschließend die Plätzchen im heißen Ofen etwa 20–25 Minuten backen.

Dann die Plätzchen auf einem Kuchengitter abkühlen lassen und servieren.

Apfelküchlein

ZUTATEN
Für 4 Personen

FÜR DEN AUSBACKTEIG
- 110 g Weizenmehl Type 405 oder Type 550
- 20 ml neutrales Pflanzenöl
- 170 g Cider, *gut gekühlt*
- 1 Ei, Gr M
- 1 Prise Salz
- 2 Äpfel *(z. B. Roter Boskop, Rote Sternrenette)*
- 1 Zitrone
- 6 EL Zucker
- ½ TL Zimtpulver
- ca. 125 ml neutrales Pflanzenöl *zum Ausbacken*

Eine Leckerei, die für mich untrennbar mit meiner Mutter verbunden ist. Sie hat mir ihr Rezept verraten und wir haben es gemeinsam weiterentwickelt. Der verwendete Cider verleiht dem Teig eine feine Aromenvielfalt und Luftigkeit.

Das Mehl in eine Rührschüssel sieben, in der Mitte eine Mulde formen und das Öl hineingießen. Mit dem Schneebesen mischen und schluckweise den Cider einarbeiten.
Das Ei trennen, das Eiweiß mit einer Prise Salz zu steifem Schnee schlagen und unter den Teig heben.

Die Zitrone auspressen. Die Äpfel waschen, trocknen und das Kerngehäuse ausstechen. Die Äpfel quer in ca. 1 cm dicke Scheiben schneiden und sofort mit etwas Zitronensaft beträufeln.

In einer großen Pfanne das Pflanzenöl auf 180–190 °C erhitzen. Die Apfelringe nacheinander durch den Teig ziehen, kurz abtropfen lassen und sofort im heißen Öl schwimmend goldbraun ausbacken. Das dauert ca. 1–2 Minuten pro Seite. Nur so viele Ringe auf einmal in die Pfanne geben, dass sie sich nicht berühren. Sind sie fertig gebacken, die Apfelküchlein aus der Pfanne nehmen und auf Backpapier legen.

Zimt und Zucker in einer flachen Schale mischen, die Apfelküchlein darin wälzen und sofort servieren.

TIPP *

Dazu passen Vanilleeis, -sauce oder geschlagene Sahne ganz hervorragend.

Gasthaus Krenn

Pürgg, Steiermark

Der Weg ins Kripperl der Steiermark führt von Salzburg kommend vorbei am Hallstätter See durch viele Schluchten hindurch ins Ennstal. Verwunschen, verzaubert, wie aus einer anderen Zeit finden wir die Natur, das Dorf und seine Bewohner im Einklang miteinander vor. Seit dem 14. Jahrhundert ist dieses historisch schöne Haus ein Ort der Begegnung. Sowohl im Salettl als auch im Gastgarten findet der Besucher seinen Moment zum Verweilen.

Der Genuss kommt dabei nicht zu kurz. Die Handschrift von Küchenchef Marc Zach, der weltoffen die steirische Küche interpretiert, zeigt sich in besonderen Gerichten vom See-Viche über das Karotten-Erbsen-Tatar bis hin zum gekochten Rindfleisch. Der Fisch kommt aus der Region von der Fischerei Auseerland und der lokale Metzger liefert das Fleisch. Gemüse und Eier stammen größtenteils von einem Hof auf der anderen Talseite. Geführt wird das Gasthaus mit angeschlossenem Gästehaus von Theresia Sabath, die stilsicher Einrichtung und Kunst an den Wänden im Blick hat, sehr zum Wohle der Besucher.

Porträt

Marc Zach

181

See-Viche vom Ausseer Saibling

ZUTATEN

Für 4 Personen

- 2 Saiblingsfilets (à ca. 200 g)
- 1 rote Zwiebel
- 1 Bund Schnittlauch
- 5 EL Orangensaft
- 5 EL Limettensaft
- 3 EL naturtrüber Apfelsaft
- 7 EL Sojasauce
- 3 EL Olivenöl
- 1 ½ TL Zucker
- 7 EL geröstetes Sesamöl
- 1 süßlicher Apfel *(z. B. Golden Delicious)*
- gerösteter Sesam *zum Bestreuen*

Den Saibling mit einer Grätenpinzette von alle Gräten befreien. Anschließend mit einem scharfen Messer in hauchdünne Scheiben tranchieren und jeweils Portionen von 100–120 g in tiefe Teller geben.

Danach den Schnittlauch waschen, trocken tupfen und in feine Röllchen schneiden. Die Zwiebel abziehen und fein hacken. Beides beiseitestellen.

Die restlichen Zutaten außer dem Apfel in einer Schüssel mit einem Schneebesen verrühren, bis sich der Zucker aufgelöst hat. Diese Marinade über den Fisch verteilen und den Fisch etwa 10 Minuten ziehen lassen.

In der Zwischenzeit den Apfel waschen, das Kerngehäuse entfernen, den Apfel in kleine Spalten schneiden. Die Spalten über dem fertig gezogenen Fisch verteilen.

Zuletzt alles mit dem Schnittlauch, gerösteten Sesam sowie der Zwiebel bestreuen und servieren.

Apfelstrudel

ZUTATEN

Für 8–10 Personen

- 80 g Butter *plus mehr für das Blech und zum Bestreichen*
- 120 g Semmelbrösel
- 1,5 kg Äpfel *(z. B. Boskoop)*
- 100–150 g Zucker *(je nach Säuregrad der Äpfel)*
- 1 EL Vanillezucker
- 1 TL gemahlener Zimt
- 2 EL Rum
- 1 Päckchen Strudelteig (aus dem Kühlregal)
- Puderzucker *zum Bestreuen*

Die Butter in einer Pfanne erhitzen. Die Semmelbrösel hinzufügen, goldbraun rösten und dann kalt stellen.

Die Äpfel waschen, das Kerngehäuse entfernen, die Äpfel vierteln und die Viertel in etwa 3 mm dicke Scheiben schneiden. Die Scheiben mit Zucker, Vanillezucker, Zimt und Rum vermischen.

Den Strudelteig auf einem sauberen Tuch ausbreiten. Die Butter-Semmelbrösel darüberstreuen und das Äpfelgemisch darauf verteilen. Durch Anheben des Tuches den Strudel straff einrollen und die Enden fest andrücken und verschließen.

Den Backofen auf bei 220 °C (Ober-/Unterhitze) vorheizen.

Den Strudel auf ein gebuttertes Backblech legen. Butter zum Bestreichen schmelzen. Den Strudel kräftig damit bestreichen und im heißen Ofen in etwa 40 Minuten knusprig braun backen.

Anschließend den Strudel mit Puderzucker bestreuen und je nach Geschmack warm, lauwarm oder kalt servieren.

DESSERTS

Desserts

187

Tiramisu

ZUTATEN

Für 4 Personen (für 4 große Gläser oder 6–8 kleine Dessertgläschen)

- 250 g Mascarpone
- 50 g Zucker
- 150 ml Cider
- 2–3 EL Zitronensaft
- 8 Löffelbiskuits
- 400 g Apfel-Orangen-Kompott (siehe Rezept »Porridge« Seite 62)
- 1 EL Kakaopulver
- 4 EL Mandelblättchen

Den Mascarpone mit dem Zucker und 50 ml Cider in einer Schüssel mit einem Schneebesen mischen. Den Zitronensaft hinzufügen und alles zu einer luftigen Creme aufschlagen.

Die Löffelbiskuits halbieren. Kurz in den restlichen Cider (100 ml) tauchen und abwechselnd mit dem Apfelkompott und der Creme in die Gläser schichten. Mit Creme abschließen.

Das Kakaopulver durch ein Sieb über die Creme stauben. Die Gläser abdecken und mindestens 2 Stunden kalt stellen.

Dann das Tiramisu mit den Mandelblättchen bestreuen und servieren.

REZEPT VON SUSANN KREIHE

Bratapfel von der Plancha mit Vanillesauce

ZUTATEN

Für 4 Personen
Zubereitungszeit 10 Minuten
Garzeit 20 Minuten

- 2 Eigelb
- 20 g Speisestärke
- 500 ml Milch
- ½ Vanilleschote
- 30 g Rohrohrzucker
- 2 Äpfel *(z. B. Boskoop)*
- 4 EL Studentenfutter
- neutrales Speiseöl zum Einfetten

Für die Vanillesauce die Eigelbe mit der Speisestärke und 3 EL der Milch in einer Schale glatt rühren. Die Vanilleschote längs aufschneiden, das Mark herauskratzen und samt der ausgekratzten Schote, dem Zucker und der übrigen Milch in einen Topf geben. Die Mischung zum Kochen bringen, zügig die angerührte Speisestärke zugeben und unter Rühren 2 Minuten kochen lassen. Die Vanillesauce vom Herd nehmen, durch ein Sieb gießen und abgedeckt beiseitestellen.

Die Plancha erhitzen (etwa 300 °C) und mit wenig Speiseöl einreiben. Die Äpfel waschen, mittig halbieren und das Kerngehäuse mit einem Teelöffel herausheben. Die Äpfel auf der Schnittfläche mehrere Minuten anbraten, mit einer Glosche (oder umgedrehter Pfanne, hohem Pfannendeckel, o. Ä.) abdecken und einige Minuten gar ziehen lassen. Falls die Schnittfläche zu dunkel wird, die Apfelhälften an den Rand der Plancha schieben, dort ist die Temperatur etwas geringer.

Währenddessen das Studentenfutter hacken, auf der heißen Plancha kurz anrösten. Die Apfelhälften auf Teller verteilen, geröstetes Studentenfutter daraufgeben und die Vanillesauce angießen. Warm genießen.

TIPP

Der Bratapfel lässt sich auch in einer Bratpfanne auf dem Herd zubereiten. Bevorzugen Sie mürbe Sorten, wie Boskoop. Ein wirklich einfacher Nachtisch, der durch seine besonderen Aromen besticht – der Säure des Apfels, den Röstaromen von der Plancha und dem karamellisierten Fruchtzucker.

Pannacotta

ZUTATEN

Für 4–6 Personen

FÜR DIE PANNACOTTA

- 10 g Gelatine
- 250 ml Milch
- 250 g süße Sahne
- 75 g Zucker
- 2 Prisen gemahlene Vanille

FÜR DAS APFEL-KOMPOTT

- 2 Äpfel *(z. B. Brettacher)*
- 250 ml klarer Apfelsaft
- 3 EL Zitronensaft
- 40 g Zucker
- 2 TL Speisestärke

Für die Pannacotta die Gelatine in kaltem Wasser 10 Minuten einweichen. Anschließend die Milch lauwarm erwärmen (keinesfalls kochen). Die Gelatine abgießen, ausdrücken und in der Milch auflösen.

Die Sahne in einem Topf mit dem Zucker verrühren und aufkochen. Dann die Sahnemasse vom Herd nehmen und die Milch-Gelatine-Mischung gründlich einrühren. Die Panacotta etwas abkühlen lassen. Danach noch flüssig in Gläser abfüllen und 24 Stunden im Kühlschrank fest werden lassen.

Für das Kompott die Äpfel waschen, achteln, das Kerngehäuse entfernen und die Äpfel quer in kleine Stücke schneiden. Die Stücke in einem kleinen Topf mit 200 ml Apfelsaft, dem Zitronensaft und dem Zucker aufkochen und etwa 1 Minute köcheln lassen.

Anschließend die Speisestärke mit dem restlichem Apfelsaft (50 ml) glatt rühren. Die Mischung unter die Apfelmasse rühren. Das Kompott kurz aufkochen und dann abkühlen lassen.

Die Pannacotta mit dem Apfelkompott servieren.

Käse und Apfel

ZU BESUCH BEIM ANDERLBAUER

Bei einer Käseplatte denkt man oft an Birnen und Weintrauben als passendes Obst. Doch auch der Apfel ist aufgrund seiner Aromenvielfalt ein spannender Begleiter zum Käse. Wir waren bei der Bioland Hofkäserei Anderlbauer im Chiemgau zu Besuch, um uns eine Auswahl von regionalen Käsen und Äpfeln zu besorgen. Was viele nicht wissen, dass Käser Johann Huber ein leidenschaftlicher Obstbauer ist. 140 Bäume hat er auf seinen Streuobstwiesen in der Nähe von Frasdorf stehen. Viele der alten Apfelsorten wie Jakob Fischer, Melrose und Limoniapfel sind im Hofladen erhältlich. Neben der Herstellung von Käse wird aus den Äpfeln Apfelsaft, Essig, Most und Wein gemacht. Der Apfelmost wird auch für den Bio Mostkäse verwendet. Dabei wird während der Reifung der halbfeste Schnittkäse aus Bio-Schafmilch mit Apfelmost und Rotschmierkulturen affiniert und erhält dadurch seinen aromatisch-würzigen Geschmack. Die Hauswirtschaftsmeisterin Rosalie Huber, hat für uns die richtigen Äpfel zum passenden Käse ausgesucht.

JOHANN HUBER

WAS SOLLTE MAN BEI DER ZUSAMMENSTELLUNG EINER KÄSEPLATTE BEACHTEN?

Vorab den Käse rechtzeitig aus der Kühlung nehmen, mindestens eine halbe Stunde vorher. Pro Person rechnet man mit rund 200 g Käse. Soll die Käseplatte als Nachspeise dienen, reichen bis zu 80 g.Die Käseauswahl sollte von mild bis kräftig gereift sein. Mindestens vier, maximal neun Sorten. Dabei ist es wichtig, dass die Käse sich sowohl von der Milchart (Schaf, Ziege, Kuh) als auch von der Textur (weich – hart) und vom Alter (jung – gereift) her unterscheiden.

HIER UNSERE AUSWAHL:

- James Grieve – Ziegenbrie
- Roter Boskoop – Ziegenhofkäse
- Goro – Blauschimmelkäse
- Krügers Dickstiel – Mostkäse
- Goldparmäne – Pecorino (jung)

WAS PASST DAZU:

Die Rezepte für das passende Apfelchutney und Apfelchips finden sie auf Seite 200, 212 & 228.

- Trockenfrüchte: Apfelchips, Datteln ...
- Nüsse: Walnüsse, Haselnüsse, im Grunde genommen alle Nüsse, ungesalzen!
- Äpfel, hier darauf achten, dass man keine zu säuerlichen Äpfel aussucht.
- Birnen, die sind meist süßer als Äpfel.
- Weintrauben
- Vollkornbrot, Walnussbaguette, Cracker
- Chutney: Apfelchutney

Werft 1919

Kressbronn, Baden-Württemberg

Auf dem ehemaligen Werftgelände der Bodan-Werft am Bodensee bespielen die drei Brüder Emanuel, Julius und Johannes Unser alias die Werftbuben in einer großen Fertigungshalle eine Eventlocation mit angeschlossener Gastro. Das Restaurant hat es in sich, drinnen sitzt man zwischen alten Werkbänken an modernen Holztischen, ein Überseecontainer, in dem die Küche versteckt ist, verläuft quer durch den Raum. Der ist lichtdurchflutet wegen der besonderen Decke, die bis zum Giebel geöffnet ist und die die ungewöhnliche Optik abrundet.

Die Brüder geben Vollgas, mit regelmäßigen Veranstaltungen mit Bands aus der Region, Theater oder Eislaufen im Winter, parallel dazu eine regionale und anspruchsvolle Küche »inspired by« Omi. Diese modern zu interpretieren haben Emanuel, Julius und Johannes sich auf die Segel geschrieben: schwäbisches Soulfood, das vom Küchenchef Steffen Clemens gekonnt umgesetzt wird. Und von der Streuobstwiese im Hinterland ernten sie gemeinsam jedes Jahr mit ihren Mitarbeitern mehrere Tonnen Äpfel, um daraus neben Kompott ihren eigenen Apfelsaft, Apfelzimtbrand und Apfelpunsch herzustellen.

Porträt

Werftbuben

Wildschweinburger

mit Apfel-Chutney und Rosmarinkartoffeln

ZUTATEN

Für 6 Burger

- 1 Kopf Endiviensalat
- 1 große Ochsenherz-tomate

FÜR DIE BURGER BUNS

- 500 g Weizenmehl Type 1050 *plus mehr zum Arbeiten*
- 10 g Salz
- 10 g frische Hefe
- 20 g Butter
- 60 g Zucker
- 300 ml Milch
- 1 Ei
- Öl *für die Schüssel*

FÜR DAS APFEL-CHUTNEY

- 300 g Apfel *(z. B. Bohn)*
- 300 g rote Zwiebeln
- 2 cl Alkohol *(Calvados oder Rum)*
- 500 g Gelierzucker (1 : 1)

Für den Burger Bun am Vortag das Mehl mit dem Salz, der Hefe, der Butter, dem Zucker, der Milch und dem Ei in die Küchenmaschine geben, im langsamen Gang 6 Minuten mischen und im schnelleren Gang 4 Minuten kneten. Eine Schüssel mit Öl auspinseln. Den Teig hineingeben, mit Frischhaltefolie abdecken und 12–18 Stunden ruhen lassen.

Am Backtag den Teig auf die leicht bemehlte Arbeitsfläche geben, in sechs möglichst gleich große Portionen teilen und mit der Hand rund formen (rund wirken). Die Teiglinge auf ein mit Backpapier belegtes Backblech setzen, mit einem Küchentuch bedecken und bei Zimmertemperatur 2–3 Stunden gehen lassen, bis sie ihr Volumen mindestens verdoppelt haben.

Anschließend den Backofen auf 180 °C Umluft vorheizen. Die Sesamsaat über die Buns streuen. Die Brötchen im Ofen in etwa 10 Minuten goldbraun backen. Danach den Backofen ausschalten und die Buns im Ofen nachziehen lassen.

Für das Apfel-Chutney die Äpfel schälen und das Kerngehäuse entfernen. Die Zwiebeln abziehen. Beides in etwa gleich große Würfel schneiden. Apfel-, Zwiebelwürfel, Alkohol und Gelierzucker zusammen in einem Topf 2–3 Minuten kochen.

Dann das Apfel-Chutney in eine Schüssel umfüllen und im Kühlschrank kalt stellen, bis es anfängt zu gelieren.
Für die Rosmarinkartoffeln die Kartoffeln gründlich waschen

FÜR DIE ROSMARIN-KARTOFFELN

- 2 kg vorwiegend festkochende Kartoffeln
- 100 ml Olivenöl
- Salz
- 5–6 Zweige Rosmarin

FÜR DAS BURGERFLEISCH

- 1 kg Wildschweinhackfleisch
- 50 ml Sonnenblumenöl

und in Spalten schneiden. Mit Olivenöl, 10 g Salz und den Rosmarinzweigen in einer Schüssel vermengen.

Backpapier auf ein Backblech geben. Die Kartoffeln darauf verteilen und im Backofen bei 180 °C (Umluft) 45 Minuten backen, dabei nach der Hälfte der Zeit die Kartoffeln wenden.

Für das Burgerfleisch das Wildschweinhack in sechs große Pattys formen. Das Sonnenblumenöl in einer Pfanne erhitzen. Die Pattys darin von beiden Seiten insgesamt 60 Sekunden scharf anbraten. Danach im Backofen bei 135 °C etwa 8 Minuten nachziehen lassen, sodass die Pattys innen noch leicht rosa sind. (Je nach Wunsch der Garstufe die Pattys kürzer oder länger im Ofen lassen.

Zum Fertigstellen die Buns aufschneiden und die Unterseite mit dem Salat belegen. Dann nacheinander das Patty, Tomatenscheiben und etwas Apfel-Chutney darauf schichten. Mit dem Deckel abschließen. Die Rosmarinkartoffeln daneben anrichten. Das restliche Apfel-Chutney in einer separaten Schale dazu servieren.

TIPP

Das Rezept ergibt zehn Burger Buns, benötigt werden nur sechs. Die übrigen Buns einfach nach dem Backen abkühlen lassen und einfrieren. Bei Bedarf einfach im Backofen aufbacken.

Carpaccio von Bodenseefischen

mit Apfel-Kirsch-Honigvinaigrette

ZUTATEN

Für 4 Personen

FÜR DAS CARPACCIO

- 250 g Lachsforellenfilet (ohne Haut)
- 250 g Zanderfilet (ohne Haut)

FÜR DIE VINAIGRETTE

- 250 g Äpfel
- Zitronensaft *zum Beträufeln*
- 50 ml Kirschessig
- 100 ml Zitronenöl
- 50 g Honig
- Salz
- frisch gemahlener schwarzer Pfeffer

FÜR DIE SEELENCHIPS

- 1–2 Seelen oder Baguette
- Olivenöl *zum Beträufeln*
- mediterrane Kräuter *zum Bestreuen*

ZUM FERTIGSTELLEN

- getrocknete Apfelchips
- Sprossen

Für das Carpaccio ein Blatt Frischhaltefolie auf der Arbeitsfläche ausbreiten. Dann das Lachsforellenfilet und darauf das Zanderfilet legen. Die beiden Filets mit Hilfe der Folie zu einer kompakten Rolle aufrollen, fest zudrehen und sehr gut kühlen oder sogar leicht anfrieren. Vor dem Servieren die Fischrolle aus der Folie wickeln und hauchdünne Scheiben abschneiden. Die Scheiben rosettenartig auf den Tellern auslegen. Alternativ beide Filets getrennt in hauchdünne Scheiben schneiden und abwechselnd rosettenartig auf die Teller legen.

Für die Vinaigrette die Äpfel schälen, das Kerngehäuse entfernen, die Äpfel in Würfel schneiden und mit Zitronensaft beträufeln. Den Kirschessig, das Zitronenöl und den Honig mit einem Pürierstab mixen. Die Vinaigrette mit Salz und Pfeffer abschmecken. Zuletzt einige Apfelwürfel für die Garnitur beiseitestellen, die restlichen Äpfelwürfel untermischen.

Für die Seelenchips die Seele(n) mit einem Messer oder der Aufschnittmaschine in dünne Scheiben schneiden. Die Scheiben auf einem mit Backpapier ausgelegten Backblech verteilen, mit Olivenöl beträufeln und mit Kräutern bestreuen.

Dann die Scheiben im Backofen bei 180 °C Ober-/Unterhitze 8–10 Minuten rösten.

Zum Fertigstellen die Vinaigrette auf dem Fischcarpaccio verteilen. Mit den beiseitegestellten Apfelwürfeln, den Apfelchips und den Sprossen garnieren und die Seelenchips darauf anrichten.

Duett von Apfel und Birne

ZUTATEN
Für 6 Personen

FÜR DEN KUCHEN
- 1 Vanilleschote
- 250 g Zucker
- 4 Eier
- 250 ml Öl
- 300 g Weizenmehl *Type 405*
- 250 g Butter

FÜR DIE QUARK-SAHNE-CREME
- 500 g süße Sahne
- 750 g Quark
- 50 ml Apfelzimtbrand
- 250 g Zucker
- 4 Blatt weiße Gelatine
- 500 g Birnen *(Williams)*

Für den Kuchen das Mark der Vanilleschote auskratzen. Den Zucker, die Eier und das Vanillemark in einem Mixer schaumig schlagen. Dann das Öl nach und nach zugeben. Danach das Mehl nach und nach unterrühren. Zum Schluss 250 ml Wasser hinzufügen und alles zu einem Teig vermengen.

Ein Backblech mit Backpapier auslegen und den Teig daraufgeben. Den Teig im Backofen bei 160 °C (Umluft) 40 Minuten backen. Anschließend kurz abkühlen lassen. Danach den Kuchen in eine Schüssel geben und mixen, bis er zerbröselt ist. Die Kuchenbrösel jeweils in Gläser (Einmachgläser) geben und leicht andrücken, bis die Bröselschicht etwa 2 cm hoch sind.

Die Butter in einem Topf schmelzen und über die angedrückten Kuchenbrösel geben, bis sie sich vollgesaugt haben. Die mit der Bröselbutter fefüllten Gläser in den Kühlschrank stellen, bis die Butter fest wird.

Für die Quark-Sahne-Creme die Sahne aufschlagen, bis sie fest ist. Den Quark und den Apfelzimtbrand in einer Schüssel verrühren. 100 g von der Quarkmasse mit dem Zucker in einen Topf geben und unter ständigem Rühren erhitzen. Die Gelatine in kaltem Wasser einweichen und der Masse zugeben. Beide Quarkmassen langsam miteinander verrühren. Die aufgeschlagene Sahne unter die verrührten Quarkmasse heben.

Die Birnen schälen, das Kerngehäuse entfernen und die Birnen in kleine Würfel schneiden. Die Würfel unter die Quark-Sahne-Creme mischen. Die Creme auf den Kuchenbröseln in den Gläsern verteilen, dabei 2 cm Platz zum Glasrand frei lassen. Die Masse in den Gläsern im Kühlschrank etwa 4 Stunden kalt stellen.

FÜR DAS APFEL-KOMPOTT

- 1 kg Äpfel *(Boskoop)*
- Zitronensaft *zum Beträufeln*
- 150 g Zucker

Für das Kompott die Hälfte der Äpfel schälen, das Kerngehäuse entfernen und die Äpfel in Würfel schneiden. Die Würfel mit Zitronensaft beträufeln, damit sie nicht braun werden. Die restlichen Äpfel vom Kerngehäuse befreien, klein schneiden und in einem Topf mit ein wenig Wasser weich kochen. Danach mit einem Pürierstab zu Apfelmus pürieren.

Den Zucker in einen Topf geben und karamellisieren. Dann mit dem Apfelmus ablöschen. Die gewürfelten Äpfel zugeben und köcheln lassen, bis das Karamell sich aufgelöst hat. Zuletzt das Kompott auf Zimmertemperatur abkühlen lassen.

Anschließend das Kompott auf der Kuchen-Creme-Masse in den Gläsern verteilen und das Duett von Apfel und Birne servieren.

VORRATSKAMMER

Vorratskammer

211

Knusprige Apfelchips

ZUTATEN

- 150 g Zucker
- 2 EL Zitronensaft
- 3 mittelgroße säuerliche Äpfel *(z. B. Berlepsch, Rote Sternrenette, Elstar)*

600 ml Wasser mit dem Zucker und dem Zitronensaft aufkochen. Die Äpfel waschen, trocken reiben, am besten mit einem Hobel in dünne Scheiben schneiden und die Kerne entfernen. Die Scheiben in den heißen Sud geben und 5 Minuten köcheln lassen.

Anschließend den Backofen auf 100 °C Umluft vorheizen. Ein Blech mit (Dauer-)Backpapier auslegen.

Die Apfelscheiben mit einem Schaumlöffel aus der Flüssigkeit heben. Auf einem sauberen Küchentuch auslegen und kurz abtupfen. Dann die Apfelscheiben auf dem Blech so verteilen, dass sie sich nicht berühren. Die Scheiben im heißen Ofen insgesamt etwa 30–45 Minuten trocknen, währenddessen mehrmals wenden. Nach 30 Minuten den Trocknungsgrad testen. Dazu eine Apfelscheibe herausnehmen und abkühlen lassen. Wird sie knusprig, ist sie fertig. Die fertig getrockneten Apfelscheiben auf ein Kuchengitter geben und abkühlen lassen.

Apfelchips ohne zusätzlichen Zucker

ZUTATEN

- 3 mittelgroße säuerliche Äpfel *(z. B. Gewürzluiken, Gravensteiner, Berlepsch)*

Den Backofen auf 60–80 °C Umluft vorheizen. Zwei Bleche mit (Dauer-)Backpapier auslegen.

Die Äpfel waschen, trocken reiben, am besten mit einem Hobel in dünne Scheiben schneiden und die Kerne entfernen. Die Apfelscheiben so auf den Blechen verteilen, dass sie sich nicht berühren, und im heißen Ofen insgesamt 2–3 Stunden trocknen, dabei zwischendurch immer wieder wenden. Nach 2 Stunden den Trocknungsgrad testen. Dazu eine Apfelscheibe vom Blech nehmen und kurz abkühlen lassen. Wird sie knusprig, ist sie fertig. Die fertig getrockneten Apfelscheiben auf ein Kuchengitter geben und abkühlen lassen.

Apfelschalen-Chips

ZUTATEN

- Apfelschalen (Menge nach Belieben)
- Zitronensaft (optional)
- gemahlener Zimt (optional)

Den Backofen auf 60–80 °C Umluft vorheizen. Je nach Menge ein oder zwei Bleche mit (Dauer-)Backpapier auslegen.

Die Apfelschalen auf die Bleche verteilen oder optional vorher in einer Schüssel mit etwas Zitronensaft beträufeln, mit Zimt würzen und durchmischen. Die Schalen im heißen Ofen insgesamt 30–45 Minuten trocknen lassen. Nach 30 Minuten den Trocknungsgrad testen. Dazu eine Apfelschale vom Blech nehmen und kurz abkühlen lassen. Wird sie knusprig, ist sie fertig. Die fertig getrockneten Apfelschalen auf ein Kuchengitter geben und abkühlen lassen.

Apfelmus

ZUTATEN

Für 5 Schraubgläser (à 250 ml)

- 1–2 unbehandelte Zitronen
- 2 kg Äpfel *(z. B. Boskoop, Renette oder eine Mischung aus verschiedenen Sorten)*
- 100 g Zucker
- 4 EL Apfelsaft
- 1–2 Zimtstangen *(optional)*

TIPP

Den übrigen Zitronenabrieb in ein kleines Schraubglas füllen, ins Tiefkühlfach oder den Tiefkühler stellen und zum Verfeinern für den nächsten Kuchen oder andere Rezepte verwenden. Dazu einfach eine entsprechende Menge aus dem Glas nehmen und direkt verarbeiten.

Die Zitronen heiß waschen, trocken reiben, die Schale abreiben und den Saft auspressen. Die Äpfel waschen, das Kerngehäuse und nach Geschmack die Schale entfernen. Die Äpfel in Stücke schneiden. Die Stücke in einen großen Topf geben und mit dem Zitronensaft sowie dem Zucker mischen. Den Apfelsaft sowie optional die Zimtstange/n hinzufügen und alles aufkochen. Dann so lange bei mittlerer Temperatur köcheln lassen, bis die Apfelstücke anfangen zu zerfallen, dabei immer wieder rühren. Anschließend je nach Geschmack 1–2 TL Zitronenabrieb einrühren.

Die Schraubgläser, eine Schöpfkelle und einen Trichter bereitstellen. Wasser zum Kochen bringen und die Deckel der Schraubgläser, die Schöpfkelle und den Trichter damit übergießen. Die Gläser auf einen Gitterrost in den Backofen stellen und die Temperatur auf 100 °C Ober-/Unterhitze einstellen. Ist die Temperatur erreicht, die Gläser im heißen Ofen mindestens 10 Minuten sterilisieren.

Haben die gegarten Äpfel die gewünschte Konsistenz erreicht, die Zimtstange entnehmen. Nun gibt es folgende Möglichkeiten: Entweder die Äpfel mit dem Holzkochlöffel ein bisschen zerdrücken, sodass ein Teil zu Mus wird und trotzdem noch ein paar Stückchen erhalten bleiben (so mag ich es am liebsten). Oder den Topf vom Herd ziehen und die Äpfel pürieren.

Die heißen Gläser mit Ofenhandschuhen aus dem Backofen nehmen und vorsichtig auf ein Holzbrett stellen. Den Trichter, die Schöpfkelle und die Deckel mit einem sauberen Geschirrtuch abtrocknen. Dann das Mus mithilfe von Trichter und Schöpfkelle in die Gläser füllen. Die Glasränder bei Bedarf reinigen und die Deckel fest zuschrauben.

Das Mus abkühlen lassen und an einem kühlen Ort dunkel lagern. Geschlossen hält es mindestens 1–2 Jahre. Geöffnet im Kühlschrank lagern und zügig verbrauchen.

Eingemachte Anisäpfel

ZUTATEN

Für 4 große Bügelgläser (à 1 l)

- 4 Zitronen
- 2,5 kg Äpfel *(z. B. Rheinischer Bohnapfel)*
- 200 g Zucker
- 1 ½ EL Anissamen

Den Backofen auf 175 °C Ober-/Unterhitze vorheizen.

Die Gläser und Gummidichtungen gründlich säubern. Die Zitronen auspressen. Eine Schale mit Zitronenwasser vorbereiten. Die Äpfel schälen, das Kerngehäuse entfernen und die Äpfel je nach Größe vierteln oder achteln. Die Stücke sofort in das Zitronenwasser legen, damit sie nicht braun werden, und dann dicht in die Gläser schichten.

Den Zucker mit 1,2 l Wasser erhitzen, bis er sich vollständig gelöst hat. Anschließend einmal aufkochen lassen, mit Zitronensaft abschmecken und die Anissamen hinzufügen. Zuletzt die Mischung leicht abkühlen lassen und über die Äpfel gießen.

Die Glasränder und Gummiringe anfeuchten und die Gläser fest verschließen. Ein tiefes Backblech (Fettpfanne) 1 cm hoch mit Wasser füllen und die Gläser hineinstellen, sie dürfen sich nicht berühren. Das Blech auf der untersten Schiene in den Ofen schieben, eine Schicht nasse saubere Geschirrtücher auf die Gläser legen und die Äpfel im heißen Ofen einkochen lassen. Wenn kleine Perlen aufsteigen, beginnt die Einkochzeit. Bei weichen Äpfeln genügen 30 Minuten, bei festen Sorten sollten es 35–40 Minuten sein. Das Wasser darf nicht sprudelnd kochen, sonst drückt es nach draußen und setzt sich möglicherweise zwischen Deckel und Gummi ab. So entsteht kein steriles Vakuum und die Äpfel sind nicht sehr lange haltbar.

Nach der Einkochzeit die Gläser vorsichtig aus dem Ofen nehmen und mit Abstand auf einen Kork- oder Holzuntersetzer stellen. Um sie vor Zugluft und Kälteschock zu schützen, sofort mit einem Tuch abdecken. Die Gläser feucht abwischen, trocknen, mit Datum und Inhalt beschriften, kühl und dunkel lagern. Nach dem Öffnen in den Kühlschrank stellen.

TIPP *

Die Gebrauchsanweisung des jeweiligen Backofens beachten! Hier werden normalerweise die entsprechenden Informationen wie Einschubhöhe, Temperatur und Zeit genau angegeben.

Apfelkonfitüre

ZUTATEN

Für ca. 5 Schraubgläser (à 250 ml)

— 1,5 kg Äpfel *(z. B. Boskoop, Goldparmäne)*
— 1 Zitrone
— 500 g Gelierzucker (2:1)
— 1 TL gemahlener Zimt
— 1 Prise Kardamom

Die Äpfel schälen, klein würfeln und dabei das Kerngehäuse entfernen. Die Zitrone auspressen und den Saft zusammen mit den Apfelwürfeln, dem Gelierzucker und den Gewürzen in einen großen Topf geben. Gründlich durchmischen und abgedeckt 30 Minuten ziehen lassen.

Die Schraubgläser, eine Schöpfkelle und einen Trichter bereitstellen. Die Gläser gründlich säubern und in den Backofen stellen. Den Ofen auf 100 °C (Ober-/Unterhitze) erhitzen und die Gläser darin 10 Minuten sterilisieren. Die Deckel, den Trichter und die Schöpfkelle in einer Schale mit heißem Wasser übergießen.

Die Apfelmischung aufkochen und gut 5 Minuten köcheln lassen. Deckel, Trichter und Schöpfkelle mit einem sauberen Tuch abtrocknen. Die heißen Gläser auf ein Holzbrett stellen, die Apfelkonfitüre mithilfe von Schöpfkelle und Trichter in die Gläser füllen und die Gläser fest verschließen.

Die Konfitüre erkalten lassen und die Gläser mit Inhalt und Abfülldatum beschriften. Kühl und dunkel lagern.

TIPP

Wer die Konfitüre lieber feiner mag, püriert sie vor dem Abfüllen.

Apfelgelee

ZUTATEN
Für 5 Schraubgläser (à 200 ml)

- 1,5 kg Äpfel *(z. B. Schwaikheimer Rambour, Boskoop)*
- 1 Zitrone
- 1 Stück Ingwer (1–2 cm lang)
- 500 g Gelierzucker
- 1 Sternanis

Die Äpfel waschen, das Kerngehäuse entfernen und die Äpfel in kleine Stücke schneiden, die Stücke in einen Topf geben und so viel Wasser hinzufügen, dass sie gut damit bedeckt sind. Alles einmal aufkochen, die Temperatur reduzieren und ohne Rühren etwa 40 Minuten köcheln lassen. Die Stücke sollten weich sein.

Ein Sieb über eine entsprechend große Schüssel geben, mit einem Passiertuch auslegen und die Apfelmasse hineingeben. Die Masse – am besten über Nacht – abtropfen lassen, nicht pressen!

Am nächsten Tag die Schraubgläser, eine Schöpfkelle und einen Trichter bereitstellen. Die Gläser gründlich säubern und in den Backofen stellen. Den Ofen auf 100 °C (ober-/Unterhitze) erhitzen und die Gläser darin 10 Minuten sterilisieren. Die Deckel, den Trichter und die Schöpfkelle in einer Schale mit heißem Wasser übergießen.

Den beim Abtropfen der Apfelmasse gewonnenen Saft abmessen, er sollte 1 l ergeben. Fehlt etwas Flüssigkeit, entsprechend mit Wasser aufgießen. Die Zitrone auspressen. Den Ingwer schälen und in dünne Scheiben schneiden. Apfel- mit Zitronensaft, Gelierzucker, Sternanis und Ingwerscheiben aufkochen und etwa 8 Minuten köcheln lassen, dabei ab und zu umrühren. Zur Gelierprobe eine kleine Menge auf einen Teller streichen. Wird das Gelee fest, ist es fertig.

Deckel, Trichter und Schöpfkelle mit einem sauberen Tuch abtrocknen. Die heißen Gläser auf ein Holzbrett stellen, das Apfelgelee mithilfe von Schöpfkelle und Trichter in die Gläser füllen und die Gläser fest verschließen.

Das Gelee erkalten lassen und die Gläser mit Inhalt und Abfülldatum beschriften. Kühl und dunkel lagern.

Apfelsirup

ZUTATEN

Für 2 kleine Schraubgläser (à 125 ml)

- 1 Zitrone
- 1,5 l klarer Apfelsaft
- 2 Sternanis
- 1 Zimtstange
- 100 g Zucker

Die Zitrone auspressen und den Saft mit Apfelsaft, Sternanis und Zimtstange in einem Topf aufkochen. Die Temperatur reduzieren und die Mischung so lange köcheln lassen, bis die Flüssigkeit auf etwa ein Viertel reduziert ist. Das dauert etwa 1 Stunde, dabei regelmäßig umrühren udn aufpasssen, dass die Saftmischung nicht anbrennt.

In der Zwischenzeit die Schraubgläser gründlich säubern und heiß ausspülen.

Ist die Saftmischung eingekocht, Sternanis und Zimtstange entfernen. Den Zucker hinzufügen und den Sirup so lange weiter kochen, bis der Zucker aufgelöst ist. Der fertige Sirup sollte die Konsistenz von Honig haben.

Den Sirup in die Gläser abfüllen, die Gläser fest verschließen und beschriften. Angebrochene Gläser im Kühlschrank aufbewahren.

Der Apfelsirup kann fest werden, wenn er erkaltet ist. Dann das Glas vor der Verwendung einfach in warmes Wasser stellen, bis er wieder flüssig ist.

TIPP

Apfelsirup passt zu Müsli, Joghurt, Obstsalat, ins Salatdressing oder ergibt mit Mineralwasser und ein paar Eiswürfeln ein erfrischendes Getränk. Aber auch in herzhaften Saucen, Suppen oder Eintöpfen rundet er die Aromen ab.

Apfel-Sauerkraut

ZUTATEN
Für 1 Drahtbügelglas mit Gummidichtung (à 1000 ml)

- 1 kg Spitzkohl
- 2 Karotten
- 1 Apfel *(z. B. Andersleber Kalvill)*
- 1 Stück Ingwer (2 cm lang)
- 20 g Salz
- 1 TL Kümmelsamen
- 1–2 Knoblauchzehen

Das Bügelglas und den Gummi gründlich reinigen und heiß ausspülen.

Den Spitzkohl waschen, putzen und ein schönes Blatt beiseitelegen. Den restlichen Kohl vierteln und fein in eine große Schüssel hobeln. Die Karotten waschen, grob raspeln und zum Kohl geben. Den Apfel waschen, das Kerngehäuse entfernen, den Apfel in feine Scheiben hobeln und zum Gemüse in die Schüssel geben. Den Ingwer schälen und fein dazureiben. Das Salz und den Kümmel über die Mischung streuen. Alles mit den Händen gründlich vermischen und so lange kneten, bis genug Eigensaft ausgetreten ist. Das dauert etwa 10 Minuten – in der Schüssel sammelt sich sichtbar die Flüssigkeit am Boden.

Den Knoblauch abziehen und in feine Scheiben schneiden. Das andere vorbereitete Gemüse ohne den Eigensaft in das Glas geben und die Knoblauchscheiben dazwischenschichten.

Die Mischung mit der Faust oder einem Holzstampfer gut verdichten. Die Eigensaft-Flüssigkeit aus der Schüssel hinzufügen. Das beiseitelegte Kohlblatt so falten, dass es ins Glas passt, und dann so auf das Gemüse im Glas legen, dass alles gut bedeckt ist. Nach unten drücken, sodass keine Luft mehr darunter ist und das Blatt ebenfalls mit Flüssigkeit bedeckt. Zuletzt kleine Schwebteilchen entfernen.

Das Glas mit der Gummidichtung fest verschließen, auf einen Teller stellen und das Apfel-Sauerkraut bei Zimmertemperatur 5–6 Tage fermentieren lassen. Es bilden sich Bläschen und es kann sein, dass Flüssigkeit aus dem Glas austritt. (Das ist ganz normal und kein Grund zur Besorgnis.)

Zuletzt das Glas an einen kühlen dunklen Ort stellen und das Apfel-Sauerkraut mindestens 4 Wochen fermentieren lassen.

Apfel-Chutney

ZUTATEN

Für ca. 4 Schraubgläser (à 200 ml)

- 1 Zwiebel
- 50 g Rosinen
- 150 g Essig *plus mehr nach Bedarf*
- 120 g Apfelsaft
- 180 g Zucker
- 15 g frischer Ingwer
- 4 Äpfel *(z. B. Biesterfelder Renette, Goldrenette aus Blenheim, Roter Boskoop, Jakob Lebel oder eine Mischung dieser Sorten)*

Die Zwiebel abziehen und fein würfeln. Mit Rosinen, Essig, Apfelsaft und Zucker in einen Topf geben. Den Ingwer schälen, fein reiben und hinzufügen. Alles aufkochen.

Zwischenzeitlich die Äpfel schälen, vom Kerngehäuse befreien, die Äpfel vierteln, dann quer in dünne Scheiben schneiden. Die Apfelstückchen zur Masse in den Topf geben. Alles bei niedriger Temperatur etwa 40 Minuten köcheln lassen, dabei ab und an umrühren, damit nichts anbrennt.

Während das Chutney köchelt, die Schraubgläser, einen Löffel und einen Trichter bereitstellen. Wasser zum Kochen bringen und die Deckel der Schraubgläser, den Löffel und den Trichter damit übergießen. Die Gläser auf einem Gitterrost in den Backofen geben und den Ofen auf 100 °C Ober-/Unterhitze einstellen. Ist die Temperatur erreicht, die Gläser 10 Minuten sterilisieren.

Ist das Chutney fertig gegart, dieses probieren und bei Bedarf mit Essig abschmecken.

Die heißen Gläser mit Ofenhandschuhen aus dem Backofen nehmen und vorsichtig auf ein Holzbrett stellen. Den Trichter, Löffel und die Deckel mit einem sauberen Geschirrtuch abtrocknen. Dann das Chutney mithilfe von Löffel und Trichter in die Gläser füllen. Die Glasränder bei Bedarf reinigen und die Deckel fest zuschrauben.

Das Chutney abkühlen lassen und an einem kühlen Ort dunkel lagern. Geschlossen hält es mindestens 1–2 Jahre. Geöffnet im Kühlschrank lagern und zügig verbrauchen.

TIPP *

Wer es gerne scharf mag, kann dem Rezept 1 Prise Cayennepfeffer und einige Chiliflocken hinzufügen.

Apfelsenf

ZUTATEN
Für 4 Schraubgläser (à 160 ml)

- 70 g helle Senfkörner
- 100 g Apfelessig
- 8 Medjool-Datteln
- 1 Apfel *(z. B. Glockenapfel)*
- Salz

Die Senfkörner mit dem Apfelessig in ein Glas geben und 24 Stunden ziehen lassen.

Die Datteln waschen, den Stein entfernen und in Wasser etwa 8 Stunden einweichen.

Am Tag der Zubereitung die Datteln abgießen und dabei das Wasser auffangen. Den Senf und die Datteln gründlich abspülen und in einen Mixer geben. Den Apfel waschen, würfeln und dabei das Kerngehäuse entfernen. Die Apfelwürfel und 1 Prise Salz zu den Zutaten im Mixer hinzufügen und alles glatt pürieren. Je nach Konsistenz etwas Dattelwasser angießen und bis zur gewünschten Senftextur mixen.

Den fertigen Senf in die gründlich gesäuberten Schraubgläser füllen und verschließen. Vor dem Servieren kühl und dunkel 2 Wochen reifen lassen.

Der Senf hält sich dunkel gelagert mindestens 3 Monate, angebrochene Gläser im Kühlschrank aufbewahren.

Apfelessig

ZUTATEN
Für 1 Schraubglas (1,5 l)

- 4–5 Äpfel, Apfelreste, -schalen oder -fallobst
- 2 EL Rohrohrzucker

Das Glas gründlich säubern und heiß ausspülen.

Äpfel, Apfelreste oder -schalen in Stücke schneiden, faule Stellen entfernen. Alles in das Glas geben, es sollte halb bis zwei Drittel voll mit Apfelstücken sein. Den Zucker zugeben und das Glas mit frischem Wasser auffüllen. Ein Stück luftdurchlässigen Stoff über die Öffnung spannen und mit einem Gummi befestigen.

Das Glas bei Zimmertemperatur 6–7 Tage stehen lassen, dabei zweimal täglich mit einem sauberen Löffel umrühren. In dieser Zeit werden die Äpfel bräunlich und es kommt zur Bildung von Bläschen und Schaum.

Nach 7 Tagen nimmt die Blasenbildung ab, dann die Äpfel abseihen, die Flüssigkeit auffangen und die Flüssigkeit zurück in das Glas geben. Das Glas wieder mit dem Stoff verschließen und 3–4 Wochen bei Zimmertemperatur, z. B. in der Küche, reifen lassen, dabei direkte Sonne vermeiden. Wenn man Glück hat, bildet sich in dieser Zeit auch eine Essigmutter. (Diese kann beim nächsten Ansatz wieder zugegeben werden – das beschleunigt die Reifung.)

Wenn die Apfelflüssigkeit nach Essig duftet und sauer schmeckt, ist der Essig fertig. Lässt man ihn zu lange reifen, verflüchtigen sich die Aromen.

Den fertigen Essig in kleine Flaschen füllen und verschließen. Kühl und dunkel lagern.

Apfel fermentieren

ZU BESUCH BEI SIBYLLE HUNGER

In ihrer Fermentierwerkstatt »Gmiashunger« im Rosenheimer Land entwickelt Sibylle Hunger seit vielen Jahren ihre eigenen Rezepturen. Da sie ebenso wie wir »regional tickt« und saisonal alles verarbeitet, was die Natur bietet, haben wir sie gebeten, uns für das Fermentieren von Äpfeln ein Rezept zur Verfügung zu stellen. Et voilà! (Das Rezept finden Sie auf der folgenden Seite.)

SIBYLLE HUNGER

Fermentierte Äpfel

ZUTATEN

für ein 3-l-Glas *(mit Gummiring und Klammern oder Bügel)*

- 1–2 kg Äpfel *je nach Größe,*
- 60 g naturbelassenes Salz
- 80 g Zucker
- 100 ml Kombucha oder Brottrunk *(optional)*

NACH BELIEBEN

- Hagebuttenzweige
- Gewürze
- essbare Blätter *von Beeren oder Wein*

Die Äpfel waschen und mit einem Tuch abreiben. Zusammen mit den Hagebutten und Gewürzen ins Glas schichten. 500 ml Wasser aufkochen und Zucker und Salz darin auflösen. Abkühlen lassen und Kombucha oder Brottrunk zufügen. Die Mischung zu den Äpfeln geben und bis 3 cm unter den Glasrand mit kaltem Wasser auffüllen. Die Blätter darauflegen und diese mit Hilfe von zwei gewässerten Holzspießen unter Wasser halten. Dazu die Holzspieße vorsichtig unter Spannung über Kreuz unter den sich verjüngenden Glasrand schieben. Das Glas mit Gummiring und Klammern verschließen und den Inhalt 3 Wochen bei Raumtemperatur fermentieren lassen. Danach kühl aufbewahren.

Variante mit geschnittenen Äpfeln im 1-l-Glas: 700–800 g gewaschene Äpfel halbieren oder vierteln, die Kerngehäuse entfernen und die Äpfel in 2–3 mm dünne Scheiben schneiden. In einer Schüssel mit 18 g Salz, 25 g Zucker und 50 ml Kombucha oder Brottrunk mischen und abgedeckt 30 Minuten ziehen lassen. Nach Belieben Gewürze dazugeben und die Mischung ins Glas schichten. Dabei mit kaltem Wasser auffüllen bis 2 cm unter den Glasrand. Die Oberfläche mit Backpapier oder einem passenden Glasdeckel bedecken und das Glas mit Gummiring und Klammern verschließen. Bei Raumtemperatur eine Woche fermentieren lassen und danach kühl aufbewahren.

TIPP

Die fermentierten Äpfel passen ganz toll in den Apfel-Käsekuchen, siehe Seite 156.

Gut Steinbach

Reit im Winkl, Bayern

Mit dem grünen Stern des Guide Michelin wurde Küchenchef Achim Hack 2021 für besonders gelebte Nachhaltigkeit ausgezeichnet. Das hat unter anderem damit zu tun, dass die Besitzer des Hauses Familie Graf von Moltke Wert darauf legen, dass 80 Prozent des Lebensmitteleinkaufs für das Restaurant und seine Gäste aus maximal 80 Kilometer Entfernung kommen. Spezielle kulinarische Events, wie die »Spezlwirtschaft«, zu dem Achim seine Kollegen von nah und fern dazu einlädt, mit ihm gemeinsam ein regionales Menü zu zaubern, unterstreichen dieses Motto und werden von vielen Gästen mit Begeisterung angenommen. Bodenständig und mit eigener kreativer Handschrift, der Natur und der Region verbunden, so könnte man Achims Philosophie beschreiben. Das Ambiente tut seinen Teil dazu: Das Hotel & Chalets Gut Steinbach ist Mitglied der renommierten Hotelvereinigung Relais & Chateaux, es gibt dreierlei Gasträume und eine wunderschöne Terrasse mit Blick auf die Berge. Apropos Berge, die Wanderwege gehen direkt hinterm Haus los, führen vorbei an Kunstskulpturen, Rotwild und Schafen, eine kleine Idylle.

Porträt
Achim Hack

Bayerischer Reis

mit Kürbis-Dashi und Kürbis

ZUTATEN

Für 4 Personen

FÜR DEN BAYERISCHEN REIS

- 200 g Urkorn
- 450 ml Gemüsebrühe
- 1 kleine Schalotte
- neutrales Pflanzenöl *zum Braten*
- 100 ml Weißburgunder
- 20 ml Apfelessig
- 250 ml Dashi
- 50 g Bergkäse
- 50 g Butter
- 100 ml Apfelsaft
- frisch gehackte Kräuter nach Belieben

FÜR DEN KÜRBIS

- 1 Hokkaido-Kürbis
- 2 EL Butter
- 1 TL Currypulver
- Salz
- 1 Prise Zucker
- frisch gemahlener schwarzer Pfeffer

Für den Bayerischen Reis das Urkorn mit der Gemüsebrühe über Nacht einweichen.

Am nächsten Tag das Urkorn durch ein Sieb gießen und gut abtropfen lassen. Anschließend die Schalotte abziehen und klein schneiden. Etwas Öl erhitzen und die Schalotte darin glasig braten. Das Urkorn auf der Schalotte leicht anrösten. Mit dem Weißwein ablöschen und den Wein unter ständigem Rühren verkochen lassen. Dann den Essig und das Dashi unterrühren. Die Masse unter ständigem Rühren weiterköcheln lassen, bis der Reis bissfest gegart ist, dabei gelegentliche etwas Apfelsaft aufgießen und verkochen lassen. Den Käse zerkleinern und mit der Butter zugeben. Zum Schluss den Bayerischen Reis nach Belieben abschmecken und mit Kräutern garnieren.

Den Kürbis waschen, achteln und entkernen. Die Butter bräunen. Den Kürbis mit Curry, Salz, Zucker sowie Pfeffer bestreuen und mit der braunen Butter beträufeln. Den Kürbis im Backofen bei 140 °C (Ober-/Unterhitze) etwa 15 Minuten garen.

Für die Kräuteremulsion das Ei 6 Minuten kochen, anschließend abschrecken und pellen. Den Gemüsefond mit dem Agar-Agar aufkochen und dann kalt stellen.

Den Spinat waschen und in kochendem Salzwasser kurz blanchieren. Danach in Eiswasser abschrecken und zuletzt ausdrücken. Mit den Kräutern, dem Ei und dem Gemüsefond in einem Standmixer pürieren. Das Olivenöl bei laufendem Gerät zugeben und die Masse emulgieren lassen. Die Emulsion zum Schluss mit Salz und Pfeffer abschmecken, in eine Spritzflasche umfüllen und warm stellen.

FÜR DIE KRÄUTER-EMULSION

- 1 Ei
- 125 ml Gemüsefond
- 1,5 g Agar-Agar
- 100 g Spinat
- 60 g glatte Petersilie, Kerbel oder Basilikum
- 60 ml Olivenöl
- Salz
- frisch gemahlener schwarzer Pfeffer

FÜR DAS DASHI

- 5 g Totentrompeten
- 200 g Champignons
- 100 g Shiitakepilze
- 50 g Zwiebeln
- 2 Hokkaido-Kürbisse
- 6 Boskoop-Äpfel
- 200 g rohe Kartoffelschalen
- Salz, Zucker

FÜR DIE BERGKÄSE-CRACKER

- 100 g Bergkäse

ZUM FERTIGSTELLEN

- gehackter Spinat
- gebratenes Fleisch oder Fisch nach Wunsch
- Apfelspalten
- Zorri Cress

Für das Dashi die Pilze bei Bedarf mit einem Pinsel oder einem trockenen Tuch vorsichtig säubern und putzen. Die Zwiebeln abziehen. Die Kürbisse waschen und entkernen. Die Äpfel waschen und das Kerngehäuse entfernen. Die vorbereiteten Zutaten klein schneiden. Alles im Backofen bei 160 °C 10–15 Minuten rösten.

Danach die geröstete Gemüsemasse und die Kartoffelschalen mit etwas Salz und Zucker in einen Topf geben, 1,5 l Wasser hinzufügen und bei mittlerer Temperatur 4–5 Stunden garen.

Anschließend durch ein Tuch abseihen und nochmals einkochen lassen. Je nach Belieben leicht binden.

Für die Bergkäsecracker den Bergkäse reiben und auf ein Backpapier streuen. In der Mikrowelle 10 Sekunden schmelzen. Danach aushärten lassen.

Zum Fertigstellen den Bayerischen Reis in kleinen, halbierten und ausgehöhlten Hokkaidokürbissen anrichten und mit dem Bergkäsecracker garnieren. Die Kürbisspalten auf einen Teller legen und einige Tupfen Kräuteremulsion danebenspritzen. Dazwischen das Fleisch/den Fisch sowie eine Nocke Spinat anrichten. Das Ganze mit einer Apfelspalte und einigen Blättern Zorri Cress garnieren. Abschließend das Dashi darübergießen.

Rehrücken

mit Selleriecannelloni und glasiertem Apfel, Staudensellerie und Steinpilzgröstel

ZUTATEN

Für 4 Personen

SELLERIECANNELLONI

- 300 g Sellerie, geschält
- 90 g braune Butter
- 1 Spritzer Zitronensaft
- Salz
- 1 EL gehackte Walnusskerne
- 1 EL gehackte Kräuter
- frisch gemahlener schwarzer Pfeffer

STAUDENSELLERIE

- 3 Stangen Staudensellerie
- Salz
- 1 Prise Zucker
- 1 unbehandelte Limette

STEINPILZGRÖSTEL

- 200 g Steinpilze
- 1 Schalotte
- 50 ml Weißburgunder
- 1 EL gehackte glatte Petersilie
- Salz, frisch gemahlener schwarzer Pfeffer

GLASIERTE ÄPFEL

- 1 Apfel
- 1 EL Butter
- 1 Schuss Essig
- 1 TL Koriandersamen
- 1 Schuss Apfelsaft

Für die Selleriecannelloni aus dem Sellerie mit einer Aufschnittmaschine 4 dünne Scheiben schneiden und diese rechteckig auf die Größe der Cannelloni zuschneiden. Die Abschnitte und den restlichen Sellerie zur Hälfte in grobe Würfel schneiden. Die Hälfte der Selleriewürfel bei 85 °C ca. 20 Minuten weich garen. Dann die Selleriewürfel etwas auspressen und mit der braunen Butter zu einer glatten Creme mixen.
Die Selleriescheiben und den restlichen klein gewürfelten Sellerie in reichlich kochendem Salzwasser blanchieren. Die Sellereischeiben anschließend auf der Arbeitsfläche auslegen. Die Sellereiwürfel mit den Walnusskernen, den Kräutern und der Selleriecreme vermischen. Die Cannellonifüllung mit Salz und Pfeffer würzen. Die Füllung dann strangartig auf die Selleriescheiben verteilen und die Scheiben zu Cannelloni aufrollen.

Für den Staudensellerie den Sellerie waschen und die Fäden ziehen. Den Sellerie mit einem Sparschäler in feine Streifen schneiden. Salzen, zuckern und dann 60 Minuten ziehen lassen. Die Zesten der Limette dazugeben, vermischen und mithilfe einer Fleischgabel zu Türmchen aufrollen.

Für das Steinpilzgröstel die Pilze bei Bedarf mit einem Pinsel oder einem trockenen Tuch vorsichtig säubern, putzen und in Würfel schneiden. Die Schalotten abziehen und in feine Würfel schneiden. Die Pilze in einer Pfanne anrösten. Die Schalotten zugeben und dann mit dem Weißburgunder ablöschen. Zuletzt die Petersilie untermischen und mit Salz und Pfeffer würzen.

Für die glasierten Äpfel den Apfel schälen und 4 Zylinder ausstechen. Diese in der Butter glasieren und mit dem Essig ablöschen. Den Koriander zugeben und glasieren. Anschließend alles mit einem guten Schuss Apfelsaft ablöschen. Dann die Zylinder herausnehmen. Zuletzt den Fond reduzieren und die Zylinder danach wieder zugeben.

REHRÜCKEN

- 10 g Kaffeebohnen
- 20 g weißer Mohn
- 10 g schwarzer Mohn
- 5 g Kreuzkümmelsamen
- 40 g Fleur de Sel
- 10 g gerebelter Thymian
- 10 g gerebelter Majoran
- 4 Wacholderbeeren
- ½ EL Koriandersamen
- 10 schwarze Pfefferkörner
- 800 g Rehrücken
- 2 EL Butter

HASELNUSSMAYO

- 100 g Eigelb
- 1 EL Senf
- 300 ml Haselnussöl
- 200 ml Rapsöl
- Salz
- frisch gemahlener schwarzer Pfeffer
- Saft von 1 Limette

MAISBROT

- 3 Eier
- 1 TL Zucker
- 75 g Butter plus etwas mehr zum Anbraten
- 30 g Rapsöl
- 100 g saure Sahne
- 100 ml Milch
- 100 g süße Sahne
- 200 g Maisgrieß
- 200 g Weizenmehl Type 405
- 12 g Backpulver
- 200 g Eiweiß
- Salz
- frisch gemahlener schwarzer Pfeffer
- frisch geriebene Muskatnuss

Für den Rehrücken alle Zutaten außer dem Rehrücken und der Butter in den Mixer geben und fein zu einer Rehgewürzmischung mixen.
Den Backofen auf 100 °C (Ober-/Unterhitze) einstellen. Kerntemperatur auf 50 °C und den Rehrücken garen.
Wenn der Rehrücken fertig gegart ist, die Butter aufschäumen lassen. Den Rehrücken in der Gewürzmischung wälzen und in der Butter nachbraten. Anschließend kurz ruhen lassen und aufschneiden.

Für die Haselnussmayo alle Zutaten mit 50 ml Wasser in einen hohen, schmalen Mixbecher geben. Einen Stabmixer auf den Becherboden stellen, einschalten und langsam hochziehen, bis eine cremige Mayonnaise entstanden ist. Die Haselnussmayonnaise in eine Spritzflasche abfüllen.

Für das Maisbrot die Eier mit dem Zucker aufschlagen. Die Butter bräunen. Rapsöl, saure Sahne, Milch, süße Sahne und die braune Butter vorsichtig in die Eier-Zucker-Mischung einrühren. Den Grieß und das Mehl mit dem Backpulver zum Schluss unterheben. Die Teigmasse auf einem Backblech verstreichen und bei 160 °C 10 Minuten im Kombidampfgarer dampfgaren. Dann das Brot bei 180 °C 10 Minuten ohne Dampf nachbacken lassen.
Vor dem Servieren kleine Zylinder ausstechen und diese von allen Seiten in Butter anbraten.

Zum Fertigstellen den Rehrücken in 8 Tranchen schneiden und je zwei auf die Teller legen. Dazwischen die Selleriecannelloni legen. Darum herum die Staudensellerietürmchen, Maisbrot- und Apfelzylinder verteilen. Das Steinpilzgröstel mit einem kleinen Anrichtering danebensetzen. Abschließend je eine kleine Nocke Selleriepüree anrichten und einige Tupfen Haselnussmayonnaise verteilen. Mit den Kresseblättern garnieren.

Opalys

Apfel | Zuckerwatte | Eis von der gebrannten Mandel

ZUTATEN

Für 12 Personen

FÜR DIE OPALYS-MASSE

- 225 g Callebaut Gold Karamell Callets (30,4 % Kakaogehalt)
- 3 Äpfel
- 100 g Apfelmus
- 1 Prise gemahlener Zimt
- 1 TL Vanilleextrakt
- 1 Prise Lebkuchengewürz
- 150 ml Milch
- 7,5 g Glukosesirup
- 2,5 Blätter Gelatine
- 300 g süße Sahne

FÜR MANDELN

- 50 g Zucker
- 2 EL süße Sahne
- 80 g Mandelkerne

Für die Opalys-Masse die Schokolade im Ofen bei 135 °C (Ober-/Unterhitze) etwa 13–15 Minuten rösten. Anschließend herausnehmen.

Währenddessen die Äpfel waschen, das Kerngehäuse entfernen und die Äpfel in kleine Würfel (Brunoise) schneiden. Das Apfelmus zu den Äpfeln hinzufügen und mit den Gewürzen (Zimt, Vanille, Lebkuchengewürz) abschmecken. Das Apfelragout in einen Spritzbeutel mit großer Öffnung füllen.

Die Milch mit dem Glukosesirup aufkochen. Die in kaltem Wasser eingeweichte und dann ausgedrückte Gelatine darin auflösen. Dann die heiße Milchmischung über die Schokolade geben und alles mit einem Pürierstab in mindestens 1 Minute zu einer homogenen Masse emulgieren. Die emulgierte Masse kalt stellen, und bevor die Gelatine anzieht, die Sahne schlagen und unterheben. Die Creme in kugelförmige Silikonformen bis etwa drei Viertel der Höhe abfüllen.

Danach das Apfelragout mit dem Spritzbeutel in die Mitte der Masse füllen, sodass die Masse das Ragout ummantelt. In die Mitte der Masse einen Schaschlikspieß einführen und die Masse bei mindestens -20 °C 6 Stunden gefrieren, sodass man sie leicht aus der Silikonform herausdrücken kann.

Für Mandeln den Zucker mit 2 EL Wasser karamellisieren, dann die Sahne angießen und alles zu einem zähflüssigen Karamell vermischen. Den Karamell abkühlen lassen. Anschließend die Mandeln darin schwenken, sodass die Mandeln dick mit Karamell überzogen sind.

FÜR DAS APFELSAFTGEL

- 500 ml Van-Nahmen-Apfelsaft
- 1 Gewürznelken
- 1 Sternanis
- 4 g Agar-Agar
- 25 g veganes Gelatinepulver

FÜR DEN OPALYS-ÜBERZUG

- 500 ml Van-Nahmen-Apfelsaft
- ½ TL Rote-Bete-Granulat
- 1 TL Agar-Agar

FÜR DIE HIPPENBLÄTTER

- 25 g Muscovdo-Zucker
- 25 g flüssige Butter
- 25 g Eiweiß
- 25 g Weizenmehl Type 405

FÜR DIE ZUCKERWATTE

- 1 EL Zucker

ZUM FERTIGSTELLEN

- cremiges Eis nach Wunsch (z. B. Vanilleeis)
- in Apfelsaft pochierte Apfelkugeln
- Streusel

Für das Apfelsaftgel den Apfelsaft mit der Gewürznelke und dem Sternanis aufkochen. Dann das Agar-Agar unterarbeiten, noch einmal aufkochen, kurz ziehen lassen und danach die Gewürze wieder herausnehmen. Die Masse kalt stellten, sodass das Agar-Agar bindet und die Masse geliert. Die Masse dann im Thermomix fein pürieren und in einen Spritzbeutel abfüllen.

Für den Opalys-Überzug den Apfelsaft aufkochen und mit dem Rote-Bete-Granulat bis zur gewünschten Farbtiefe färben. Danach das Agar-Aar untermischen, alles noch einmal aufkochen und den gefärbten Apfelsaft beiseitestellen.

Die tiefgefrorenen gefüllten Schokoladenkugeln aus den Formen lösen. Den Opalys-Überzug erneut erwärmen, bis er flüssig ist. Die Schokoladenkugeln mit Hilfe der Holzspieße so in den Überzug tauchen, dass sie komplett umhüllt werden. Anschließend mit den Spießen auf ein geeignetes Haltesystem stecken und bei Zimmertemperatur weiter auftauen.

Für die Hippenblätter den Zucker und die Butter cremig rühren. Dann das zimmerwarme Eiweiß untermischen. Zum Schluss das Mehl unterrühren. Dann den Teig auf ein Silikonbackmatte mit Blattstruktur streichen und im Backofen bei 160 °C Ober-/Unterhitze etwas 6–8 Minuten backen.

Für die Zuckerwatte 1 EL Zucker in eine Zuckerwattemaschine geben. Während die Maschine läuft, bei konstantem Drehen mit einem Spieß eine Zuckerwatte zubereiten.

Zum Fertigstellen die aufgetaute Schokoladenkugel auf einen Teller legen. Daneben eine Nocke Eis auf einem Streuselbett und eine Nocke Apfelragout setzen. Einige Tupfer Apfelsaftgel aufspritzen und Apfelkugeln daraufsetzen. Einige karamellisierte Mandeln, etwas Zuckerwatte und ein Hippenblatt anrichten.

Die Apfelsorten

VON DER STREUOBSTWIESE
UND DEM BIOANBAU IM VORALPENRAUM

Alte Sorten

Sortenvielfalt macht die Streuobstwiese aus. Hier alle Sorten aufzuführen ist unmöglich. Mit den Pomologen Hans-Thomas Bosch und Georg Loferer haben wir eine Vielzahl von Apfelsorten zusammengestellt, die man auf der eigenen Wiese anbauen oder im (Bio-) Regionalmarkt oder im Supermarkt, der regionale Zulieferer unterstützt, finden kann.

ALTE SORTEN

ADERSLEBER KALVILL

Bis ans Ende der langen Lagerdauer fein säuerlich, mild süß und würzig. Guter Tafelapfel.

Erntereife: Mitte Oktober
Genuss-/Verwertungsreife: Dezember bis April
Verwendung: Tafel/Kuchen, Lager
Reifetyp*: Wintersorte

ANANASRENETTE

Aromen von Ananas, Banane und Riesling. Säuerlich-süßer Geschmack. Optisch ansprechender Apfel

Erntereife: Mitte Oktober
Genuss-/Verwertungsreife: Oktober bis Dezember
Verwendung: Tafel, Lager
Reifetyp*: Herbstsorte

ANNIE ELISABETH

Leicht würzig, weinige Aromen. Säuerlich-süß im Geschmack. Traditioneller englischer Küchenapfel.

Erntereife: Mitte Oktober
Genuss-/Verwertungsreife: Oktober bis Dezember
Verwendung: Tafel, Lager
Reifetyp*: Herbstsorte

BERLEPSCH

Hoher Gehalt an Vitamin C, ausgewogen im Geschmack, guter Lagerapfel.

Erntereife: Ende Oktober
Genuss-/Verwertungsreife: Dezember bis März
Verwendung: Tafel, Lager
Reifetyp*: Wintersorte

BERNER ROSENAPFEL

Ungewöhnlich bläulich rote Ausfärbung; mit feinem weißem Schalenbelag, blumiges Aroma.

Erntereife: Ende September
Genuss-/Verwertungsreife: bis Februar
Verwendung: Tafel
Reifetyp*: Herbstsorte

BIESTERFELDER RENETTE

Würziges Aroma. Weinig süß im Geschmack.

Erntereife: Anfang September
Genuss-/Verwertungsreife: September bis Oktober
Verwendung: Tafel
Reifetyp*: Sommer-/Herbstsorte

*S = Sommersorte, nicht lagerfähig
H = Herbstsorte, lagerfähig bis maximal Dezember/Januar
W = Wintersorte, lagerfähig bis maximal März, vereinzelt auch darüber hinaus

ALTE SORTEN

BRETTACHER

Bis ans Ende der langen Lagerdauer saftig; mit sortentypischer Säure. Große Früchte.

Erntereife: Ende Oktober
Genuss-/Verwertungsreife: Januar bis Mai
Verwendung: Tafel/Wirtschaft
Reifetyp*: Wintersorte

BRÜNNERLING

Fester Apfel. Ausgeglichen im Geschmack. Lagerapfel.

Erntereife: Ende Oktober
Genuss-/Verwertungsreife: Januar bis Mai
Verwendung: Tafel, Lager
Reifetyp*: Wintersorte

DANZIGER KANTAPFEL

Intensiv rote glänzende Deckfarbe; markant gerippt um den Kelch (Kantapfel).

Erntereife: Ende September
Genuss-/Verwertungsreife: Oktober bis Januar
Verwendung: Tafel/Wirtschaft
Reifetyp*: Herbstsorte

GLOCKENAPFEL

Mit zunehmender Lagerdauer ausgewogeneres Verhältnis von Zucker und Säure.

Erntereife: Mitte Oktober
Genuss-/Verwertungsreife: bis März
Verwendung: Tafel, Wirtschaft
Reifetyp*: Wintersorte

GOLDRENETTE AUS BLENHEIM

»Nussig«-aromatische im Geschmack; großfrüchtig.

Erntereife: Mitte Oktober
Genuss-/Verwertungsreife: November bis März
Verwendung: Tafel, Wirtschaft
Reifetyp*: Wintersorte

GRAHAMS JUBILÄUMSAPFEL

Feinsäuerlicher großfrüchtiger Küchenapfel, v. a. zum Backen.

Erntereife: Mitte September
Genuss-/Verwertungsreife: September bis Dezember
Verwendung: Wirtschaft (Kuchen)
Reifetyp*: Herbstsorte

ALTE SORTEN

GEWÜRZLUIKEN

Würzig im Aroma. Spritzig, fruchtiger Geschmack. Apfel ideal für Saft.

Erntereife: Mitte Oktober
Genuss-/Verwertungsreife: Oktober bis Dezember
Verwendung: Tafel/Wirtschaft, Lager
Reifetyp*: Herbstsorte

GOLDPARMÄNE

Festes und knackiges Fruchtfleisch. Nussig, würziger Geschmack. Guter Tafelapfel, in der Küche aufgrund seines besonderen Geschmacks verwendbar.

Erntereife: Anfang Oktober
Genuss-/Verwertungsreife: Oktober bis Dezember
Verwendung: Tafel/Wirtschaft, Lager
Reifetyp*: Herbstsorte

HOLSTEINER COX

Birne, Banane im Aroma. Ausgewogen im Geschmack. Gut für Kuchen und Frischverzehr.

Erntereife: Anfang Oktober
Genuss-/Verwertungsreife: Oktober bis Dezember
Verwendung: Tafel, Lager
Reifetyp*: Herbstsorte

HORNEBURGER PFANNKUCHENAPFEL

Lange lagerfähiger, kräftig säuerlicher Küchenapfel.

Erntereife: Ende September
Genuss-/Verwertungsreife: Februar bis März
Verwendung: Wirtschaft (Kuchen)
Reifetyp*: Wintersorte

JAMES GRIEVE

Weichfleischiger, aromatischer Apfel für den Frischverzehr.

Erntereife: Anfang September
Genuss-/Verwertungsreife: September bis Oktober
Verwendung: Tafel
Reifetyp*: Herbstsorte

JAKOB LEBEL

Feiner Kuchenapfel.

Erntereife: September
Genuss-/Verwertungsreife: Oktober bis Februar
Verwendung: Tafel/Wirtschaft (Kuchen)
Reifetyp*: Herbstsorte

*S = Sommersorte, nicht lagerfähig
H = Herbstsorte, lagerfähig bis maximal Dezember/Januar
W = Wintersorte, lagerfähig bis maximal März, vereinzelt auch darüber hinaus

ALTE SORTEN

JONATHAN

Mild-süß im Geschmack. Dezenter Tafelapfel.

Erntereife: Mitte Oktober
Genuss-/Verwertungsreife: Oktober bis März
Verwendung: Tafel
Reifetyp*: Wintersorte

MELROSE

Honigartig und saftig süß im Geschmack. Ein Allrounder in der Küche und Frischverzehr.

Erntereife: Ende Oktober
Genuss-/Verwertungsreife: November bis April
Verwendung: Tafel, Lager
Reifetyp*: Wintersorte

PARADIESAPFEL

Weiches Fruchtfleisch. Bananenaroma, süß, wenig Säure. Gut für Saft, Dörren und Frischverzehr.

Erntereife: Mitte Oktober
Genuss-/Verwertungsreife: Oktober bis Januar
Verwendung: Tafel/Wirtschaft, Lager
Reifetyp*: Herbst-/Wintersorte

RHEINISCHER BOHNAPFEL

Sehr lange lagerfähiger Wirtschaftsapfel, besonders für Saft oder Most.

Erntereife: Ende Oktober
Genuss-/Verwertungsreife: November bis Mai
Verwendung: Wirtschaft
Reifetyp*: Wintersorte

RHEINISCHER WINTERRAMBOUR

Große Früchte. Knackige Textur. Mild-süß im Geschmack.

Erntereife: Ende Oktober
Genuss-/Verwertungsreife: Oktober bis Februar
Verwendung: Wirtschaft/Lager
Reifetyp*: Herbstsorte

ROTE STERNRENETTE

Rosenparfümiertes Aroma. Weinig, säuerlich-süßer Geschmack. Besonderer Küchenapfel.

Erntereife: Ende Oktober
Genuss-/Verwertungsreife: Oktober bis Dezember
Verwendung: Tafel
Reifetyp*: Herbstsorte

ALTE SORTEN

GRAVENSTEINER

Spätsommerapfel mit ausgeprägtem Aroma (früher auch »Blumenkalvill« genannt).

Erntereife: Anfang September
Genuss-/Verwertungsreife: September bis Januar
Verwendung: Tafel
Reifetyp*: Sommer-/Herbstsorte

SCHÖNER AUS WILTSHIRE

Markant aromatischer, säuerlich-süßer Apfel für verschiedene Zwecke, besonders für Kuchen.

Erntereife: Anfang Oktober
Genuss-/Verwertungsreife: November bis Dezember
Verwendung: Tafel/Wirtschaft (Kuchen)
Reifetyp*: Herbstsorte

SCHÖNER AUS BOSKOOP

Rauhschaliger, würziger Apfel; für alle Verwertungsformen sehr gut geeignet.

Erntereife: Mitte Oktober
Genuss-/Verwertungsreife: Dezember bis April
Verwendung: Tafel/Wirtschaft
Reifetyp*: Wintersorte

SCHWAIKHEIMER RAMBOUR/ LOHRER RAMBOUR

Großfrüchtiger, unregelmäßig geformter Apfel geschmacklich ausgewogen, insbesondere für Saft, aber auch für Frischverzehr.

Erntereife: Mitte Oktober
Genuss-/Verwertungsreife: November bis Januar
Verwendung: Tafel/Wirtschaft
Reifetyp*: Herbst-/Wintersorte

ZABERGÄU RENETTE

Rauhschaliger, würziger Apfel ähnlich dem Boskoop, mit weniger Säure. Für alle Verwertungsformen sehr gut geeignet.

Erntereife: Mitte Oktober
Genuss-/Verwertungsreife: November bis März
Verwendung: Tafel/Wirtschaft
Reifetyp*: Wintersorte

SESTERMÜHER ZITRONENAPFEL

Erfrischend süß-säuerlicher Geschmack.

Erntereife: Mitte September
Genuss-/Verwertungsreife: September bis November
Verwendung: Tafel/Wirtschaft
Reifetyp*: Herbstsorte

*S = Sommersorte, nicht lagerfähig
H = Herbstsorte, lagerfähig bis maximal Dezember/Januar
W = Wintersorte, lagerfähig bis maximal März, vereinzelt auch darüber hinaus

Neue Sorten

In Zusammenarbeit mit Christine Brugger stellen wir hier einige Sorten aus dem Bio-Anbau vor, die wir als geschmackliche Bereicherung zum alten Sortiment empfinden. Diese sind im Biofachhandel oder direkt beim Bio-Bauern zu finden.

NEUE SORTEN

APPLE NR. 48, UNTER DEM NAMEN MAKALI® BEKANNT

Knackig, saftige Textur. Säuerlich-süßer aromatischer Apfel, für Frischverzehr.

Erntereife: Mitte September
Genuss-/Verwertungsreife: September bis November
Verwendung: Tafel
Reifetyp*: Herbstsorte

TOPAZ (KREUZUNG AUS GOLDEN DELICOUS/ COX ORANGE/JONATHAN)

Knackig. Zitrus- und Ananasaroma. Säuerlich-saftiger Apfel.

Erntereife: Mitte Oktober
Genuss-/Verwertungsreife: Oktober bis Februar
Verwendung: Tafel
Reifetyp*: Herbst-/Wintersorte

SIRIUS (KREUZUNG AUS GOLDEN DELICOUS/TOPAZ)

Knackig, festes Fruchtfleisch. Leichtes Zitrusaroma. Mild säuerlicher Apfel. Frischeverzehr oder Saftherstellung.

Erntereife: Ende September
Genuss-/Verwertungsreife: September bis Februar
Verwendung: Tafel/Wirtschaft
Reifetyp*: Wintersorte

NEUE SORTEN

DELCOROS, ALS AUTENTO® BEKANNT (KREUZUNG AUS DELBARD JUBILEE/COX ORANGE)

Fester Apfel, säurebetont. Eignet sich gut für Apfelkompott.

Erntereife: Anfang Oktober
Genuss-/Verwertungsreife: Oktober bis November
Verwendung: Tafel
Reifetyp*: Herbstsorte

LA FLAMBOYANTE, UNTER DEM MARKENNAMEN MAIRAC® BEKANNT (KREUZUNG AUS GALA/MAIGOLD)

Saftig, säuerlich-süßer Apfel für Frischverzehr oder auch in Salaten.

Erntereife: September bis Oktober
Genuss-/Verwertungsreife: Oktober bis März
Verwendung: Tafel
Reifetyp*: Wintersorte

SANTANA (KREUZUNG AUS ELSTAR/PRISCILLA)

Würzig, säuerlich-süßer Apfel. Für Allergiker meist gut verträglich.

Erntereife: Mitte September
Genuss-/Verwertungsreife: September bis November
Verwendung: Tafel
Reifetyp*: Herbstsorte

NIKOTER, UNTER DEM MARKENNAMEN KANZI® BEKANNT (KREUZUNG AUS GALA/BRAEBURN)

Festes, knackiges Fruchfleisch. Säuerlich im Geschmack.

Erntereife: Ende Oktober
Genuss-/Verwertungsreife: Oktober bis Dezember
Verwendung: Tafel, Lager
Reifetyp*: Herbstsorte

PINOVA

Orange im Aroma. Sehr süß im Geschmack. Ideal für Frischverzehr

Erntereife: Ende Oktober
Genuss-/Verwertungsreife: Januar bis März
Verwendung: Tafel, Lager
Reifetyp*: Herbstsorte

ZARI® (KREUZUNG AUS ELSTAR/DELCORF)

Knackiges Fruchtfleisch. Frühapfel für den Frischeverzehr.

Erntereife: Ende August
Genuss-/Verwertungsreife: August bis September
Verwendung: Tafel
Reifetyp*: Sommersorte

*S = Sommersorte, nicht lagerfähig
H = Herbstsorte, lagerfähig bis maximal Dezember/Januar
W = Wintersorte, lagerfähig bis maximal März, vereinzelt auch darüber hinaus

Anhang

265

Rezepte

Links

Christine Brugger
- https://www.aromareich.ch
- https://www.obsthof-brugger.de
- https://www.wir-bodensee.bio

Hans-Thomas Bosch und Dr. Ulrich Mayr
- https://www.kob-bavendorf.de/aktuelles.html

Georg Loferer
- https://www.apfel-birne-berge.de

Streuobst und Bio Anbau
- https://www.bund-lemgo.de
- https://argestreuobst.at
- https://bluehende-landschaft.de/streuobstwiese/
- https://www.streuobstwiesen-boerse.de
- https://www.kern.bayern.de
- https://www.bioland.de/verbraucher
- https://www.sielmann-stiftung.de/natur-schuetzen/lebensraeume/streuobstwiesen
- https://www.hochstamm-deutschland.de
- https://www.bluehendesoesterreich.at/naturmagazin/gefunden-die-schoensten-streuobstwiesen-oesterreichs
- https://tagderstreuobstwiese.at/
- https://www.fructus.ch
- https://www.nabu.de
- https://www.slowfood.de

Kochschule Frau Kaufmann
https://www.fraukaufmann.shop

Restaurant Wachter-Foodbar
https://wachter-foodbar.de

Gourmethotel Gut Steinbach
https://www.gutsteinbach.de

Gasthof Kicherhof
https://www.kircherhof.it

Gasthaus Krenn
https://www.gasthauskrenn-puergg.at/de

Restaurant Werft 1919
https://www.werft1919.com

Fermentierwerkstatt Sibylle Hunger
https://gmiashunger.de

Rezeptautorin Susann Kreihe
https://gerichte-werkstatt.de

Keramik
https://dorfkindkeramik.de

Über die Autoren

»AUGUSTUNDJULI PHOTO« SIND
JULIA HILDEBRAND UND INGOLF HATZ.

Julia & Ingolf

Die beiden verbindet neben der Fotografie die Leidenschaft für gutes Essen und hervorragende Produkte. Seit über zehn Jahren arbeiten sie als augustundjuli gemeinsam unter anderem an besondern Buchprojekten, die sie oft von der Idee bis zur visuellen Umsetzung entwickeln. Für ihre Arbeit wurden sie bereits mehrfach mit Gold-und Silbermedaillen von der GAD und mit dem Gourmand Cookbook Award 2016 und 2020 ausgezeichnet.

JULIA HILDEBRAND

nahm nach ihrer Ausbildung in einem renommierten Stuttgarter Werbestudio das Fotodesign-Studium an der Hochschule München auf. Seit 2010 arbeitet sie für Verlage, Redaktionen und Werbekunden als freischaffende Fotografin in den Bereichen Food und Stilllife.

INGOLF HATZ

arbeitet seit seinem Studium in den USA erfolgreich als Fotograf für Magazine, Verlage und Werbekunden. Seine Schwerpunkte sind die People-und Reportage-Fotografie.

Über das Grafikteam

WIR HELFEN UNTERNEHMEN DABEI, MIT EINFACHEN ABER STARKEN IDEEN ZU KOMMUNIZIEREN.

Burke Agentur

Wir entwerfen Logos und Identitätssysteme, Broschüren und Verpackungen, entwickeln Websites und Apps und alles, was dazwischen liegt. Als erfolgreiche inhabergeführte Agentur für strategisches Kommunikationsdesign stecken wir unser langjähriges Know-how in jedes Projekt. Ganz egal ob von einer singulären Gestaltungsaufgabe bis zum interdisziplinären Kommunikationsauftritt. Wir entwickeln durchdachtes, benutzerfreundliches, individuelles, soziales und nachhaltiges Design. Unsere Kunden aus kleinen und mittelständischen Unternehmen, profitieren von kurzen Kommunikationswegen. Durch persönliche Beratung und zuverlässige Ansprechpartner und Experten entwickeln wir herausragende Ergebnisse. Auch andere Agenturen wissen das zu schätzen und nutzen unsere Kompetenz zum Outsourcen von Projekten.

Von links nach rechts: Katharina Cogbill-Wagner, Victoria Cebrian, Sophia Hultsch, Luisa Hager und Mark Volz

Danksagung

Wir möchten uns herzlich bei allen bedanken, die uns bei diesem besonderen Projekt unterstützt haben. Die zahlreichen Gespräche, die Offenheit und die Begeisterung für das Thema Apfel haben uns gezeigt, wie groß das Interesse dafür ist und wie wichtig es ist, in der Öffentlichkeit mehr Bewusstsein dafür zu schaffen.

Ein besonderes Dankeschön für ihre bedingungslose Unterstützung, ihr Fachwissen und ihre Zeit gilt:
Christine Brugger, Eva Bichler-Öttl, Hans-Thomas Bosch, Victoria Cebrian, Katharina Cogbill-Wagner, Achim Hack, Luisa Hager, Patrick Hamann, Manuela Hollerbach, Rosalie Huber, Johann Huber, Sibylle Hunger, Sophia Hultsch, Karin Kaufmann, Susann Kreihe, Georg Loferer, Sonya Mayer, Dr. Ulrich Mayr, Wolfgang Schmidl, Mark Volz, Dominik Wachter

Impressum

Verantwortlich: Sonya Mayer
Rezepte: Julia Ruby Hildebrand
Reportagetexte: Ingolf Hatz
Foodstyling & Foodfotografie: Julia Ruby Hildebrand | Reportage- und Moodfotografie: Ingolf Hatz (www.augustundjuli.de)
Redaktion: Constanze Lüdicke
Redaktion der Porträt-Rezepte: Dr. Regina Roßkopf
Umschlaggestaltung, Layoutgestaltung und Layout: Burke Agentur
Repro: LUDWIG:media
Korrektorat: Sabine Thorn
Herstellung: Julia Hegele
Printed in Türkiye by Elma Basim.

Bildnachweis
Alle Fotografien der Umschlagrückseite und des Innenteils stammen von Julia Ruby Hildebrand & Ingolf Hatz.

★★★★★

Sind Sie mit diesem Titel zufrieden?

Dann würden wir uns über Ihre Weiterempfehlung freuen. Erzählen Sie es im Freundeskreis, berichten Sie Ihrem Buchhändler oder bewerten Sie bei Onlinekauf. Und wenn Sie Kritik, Korrekturen, Aktualisierungen haben, freuen wir uns über Ihre Nachricht an

Christian Verlag, Postfach 40 02 09, D-80702 München oder per E-Mail an lektorat@verlagshaus.de

In diesem Buch wird aus Gründen der besseren Lesbarkeit das generische Maskulinum verwendet. Weibliche und anderweitige Geschlechteridentitäten werden dabei ausdrücklich mitgemeint, soweit es für die Aussage erforderlich ist.

Die Deutsche Nationalbibliothek verzeichnet diese Publikation in der Deutschen Nationalbibliografie; detaillierte bibliografische Daten sind im Internet unter http://dnb.d-nb.de abrufbar.

Unser komplettes Programm finden Sie unter:
www.christian-verlag.de

ISBN 978-3-95961-725-3

MIX
Aus vorbildlich bewirtschafteten Wäldern
FSC® C164814

Ebenfalls erhältlich ...

ISBN 978-3-95961-522-8

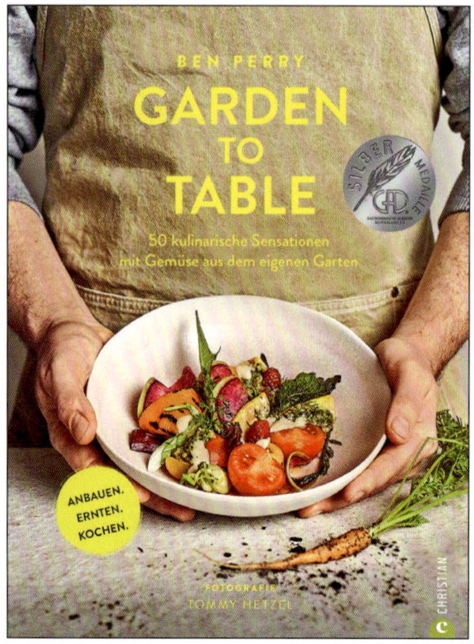

ISBN 978-3-95961-525-9

ISBN 978-3-95961-652-2

ISBN 978-3-95961-598-3

CHRISTIAN

www.christian-verlag.de